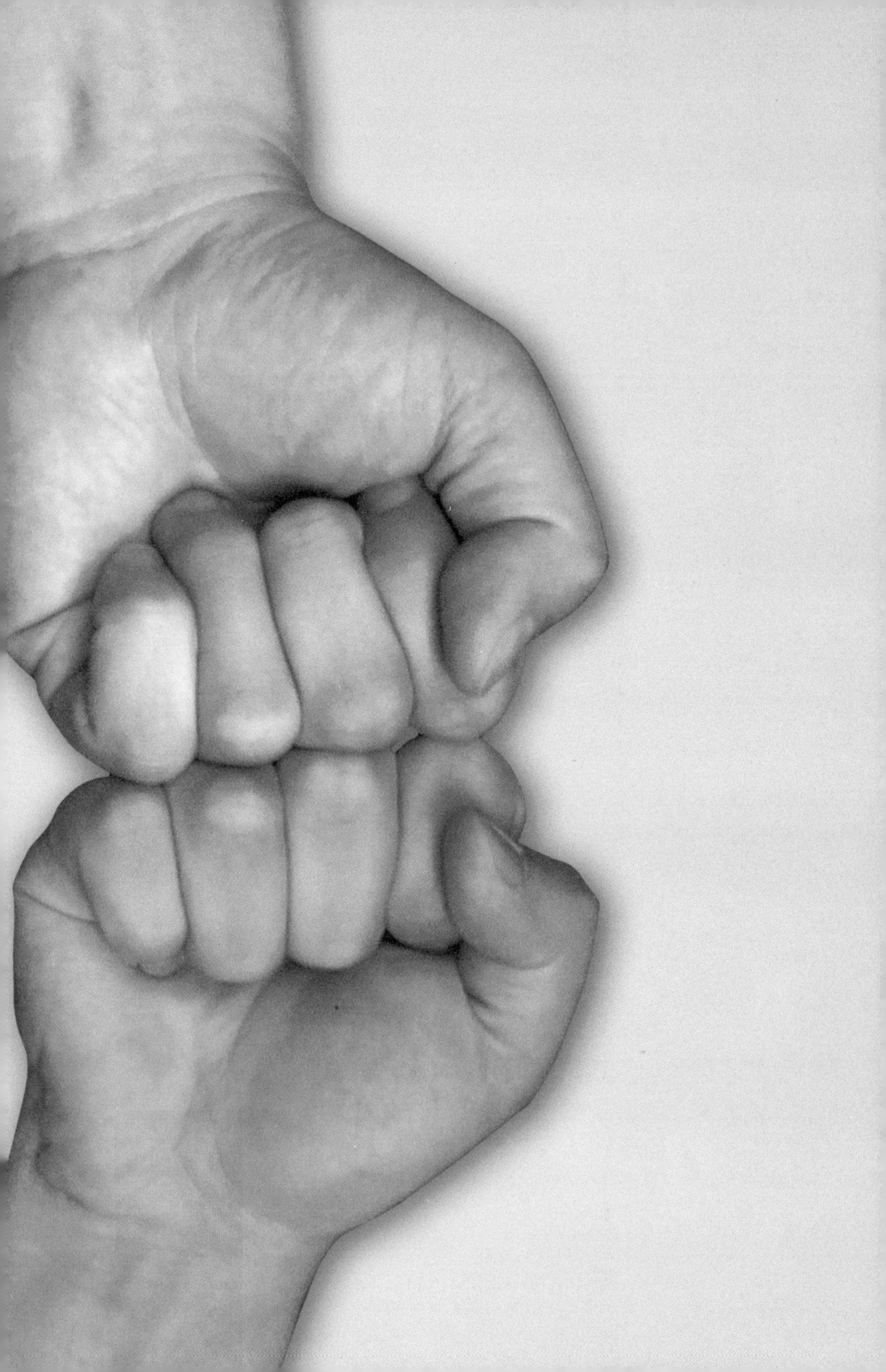

E-COMMERCE PUZZLE

电商迷局

《中国经营者》 编著

北京大学出版社
PEKING UNIVERSITY PRESS

图书在版编目(CIP)数据

电商迷局/《中国经营者》编著.—北京:北京大学出版社,2013.5
ISBN 978-7-301-22360-4

Ⅰ.①电… Ⅱ.①中… Ⅲ.①电子商务-商业经营-研究-中国 Ⅳ.①F713.36

中国版本图书馆 CIP 数据核字(2013)第 070612 号

书　　　名:	电商迷局
著作责任者:	《中国经营者》 编著
策 划 编 辑:	朱梅全
责 任 编 辑:	朱梅全　王业龙
标 准 书 号:	ISBN 978-7-301-22360-4/C·0893
出 版 发 行:	北京大学出版社
地　　　址:	北京市海淀区成府路 205 号　100871
网　　　址:	http://www.pup.cn
新 浪 微 博:	@北京大学出版社
电 子 信 箱:	law@pup.pku.edu.cn
电　　　话:	邮购部 62752015　发行部 62750672
	编辑部 62752027　出版部 62754962
印 　刷 　者:	北京大学印刷厂
经 　销 　者:	新华书店
	880 毫米×1230 毫米　A5　7.5 印张　132 千字
	2013 年 5 月第 1 版　2013 年 6 月第 2 次印刷
定　　　价:	28.00 元

未经许可,不得以任何方式复制或抄袭本书之部分或全部内容。
版权所有,侵权必究
举报电话:010-62752024　电子信箱:fd@pup.pku.edu.cn

媒体的力量(代序)

中国的媒体的力量在哪里？尤其是当经济成为一个国家成长的命脉,成为各级决策层关注的焦点,成为亿万百姓改变生活的期许时,中国的财经媒体的力量在哪里？

平视、直入核心、真实展示,是《中国经营者》的三个基本点。从叙述模式上看,《中国经营者》突破了过于感性的"痛诉革命家史"或者"成功风采秀"模式,也避免了"用理论总结理论,用数据说明数据"的空谈式财经人物访谈窠臼。它用24分钟的节目时间,从经济现场入手,用抽丝剥茧的方式展开对经营观点、管理方式的探讨,以独立的态度展现出中国经营者的思想和胆略,奉献出极其诚意的访谈,也梳理出全球化时代的中国经济转型之路。

没有优秀的企业家,就没有成功的企业;没有一流的企业家队伍,就没有一流的经济发展。电商行业是近年来中国经济高速运行的缩影,它通过十几年的发展,从零增长到占社会零售总额的7%,并且这个交易额还在以每年40%的速度增长。本书精选了节目近几年来对电商企业家的访谈,从创业、经营策略、危机处理、营销等多个方面,提供了优质电商企业家们的经营之道,以供读者了解企业领袖们是如何制定战略、如何在艰难时刻作出艰难的经营抉择,并展现其抉择过程中闪现出的智慧与哲思。相信,这对各种类型的企业经营者都有益。

从 2004 年 4 月开播起算,《中国经营者》已走过九个年头。对于日新月异的电视界来说,九年对于一个节目生命来说是非常长的。九年来,《中国经营者》栏目一直保持着它的核心价值观,同时也在节目品质、电视特性、品牌营销方面作出了探索。尤为可喜的是,一个平均年龄刚到三十岁的年轻团队坚守着这样一档并不热闹的节目,他们的"野心"是把影响中国、塑造中国经济整体实力的一群"硬脑袋"一网打尽,留下一部当代中国优秀企业的影像发展史……

与日益强大的中国企业一起,与每周一期的节目一起,他们自己也成长了。祝福他们,祝福所有的中国经营者!

谢 力

中国记协理事

第一财经传媒有限公司董事副总经理

第一财经电视总监

目 录

001/ 天猫——出走淘宝之后

"十月围城"事件
打造"社会公共平台"
出走淘宝
何谓"确定性"
商户的疑惑
从 CFO 到 CEO
开放
掌控物流
天猫要做什么

033/ 京东——和自己赛跑

扩充的边界在哪里?
一手自营,一手平台
打造物流帝国:"亚洲一号"
把京东商城做成一个伟大的企业

053/ 苏宁易购——插班生崛起

线下实体店,线上易购,左右互搏?

全品类迅速扩张
"老人""新手"战电商
苏宁再造

071/ 凡客——我是凡客，我会犯错

怎么做营销
打造品牌，让凡客跑得快
"大跃进"式的疯狂
转攻为守，深耕用户，实现品牌溢价
资本游戏

093/ 当当——走着瞧

李国庆 vs. 大摩女
投行那些事
估值如何才能不被低估
为"微博事件"道歉
你干你的，我干我的
慢工出细活
不能只看毛利率
上市不该成为目标
做"全球最大的综合性中文网上购物商城"
更低价格、更多选择和更多的方便

123/ 美团——玩转"千团大战"

团购，是什么

团购,怎么"团"
打破潜规则
打战:烧钱、洋和尚
走比跑更快

143/ 1号店——请叫我"网上沃尔玛"

做"网上沃尔玛"
选择了最难走的路:卖百货
避免竞争,不可能
从经理人到企业家
杀鸡用牛刀

163/ 携程——老大的反击

打价格战,携程最有资格,也最有优势
"满血复活"还是"吐血而亡"?
"鼠标"还需配"水泥"
没有金刚钻,不揽瓷器活
丧失了危机感?

181/ 艺龙——我是如何打痛老大的?

收拾"烂摊子"
专注做酒店预订
聚焦于线上
打"侧翼战"
每个人都有机会

199/ 乐淘——电商转型和破局

电子商务是个骗局?
模式选择
打造自有品牌:熬
"C+"系列帆布鞋
做别人没在做的

217/ 快书包——一小时生活圈

一小时送货体验
做网上便利连锁店
着急就找快书包
谨慎布局
"我真的不太管竞争对手的事"

天猫

——出走淘宝之后

千亿浪潮唤醒传统零售,却遭遇渠道互掐
张勇:传统品牌进入到电子商务,它会发觉说,我线下的生意怎么办?

天猫取代"淘宝商城",为何要改名换姓?
张勇:有人说为什么不叫淘什么呢?为什么要做那么严格的区别?

提价引发"十月围城",平台的困扰向谁求解?
《中国经营者》:我们把时间倒拨回当时的情景,是什么时候你发现事情失控了?

电商价格战血流成河,究竟是规模经济,还是规模不经济?
张勇:核心的问题是这个市场能形成垄断吗?

疯狂的扩张的背后,是市场逻辑,还是资本逻辑?
张勇:不要低估任何人的智商。

张　勇　天猫CEO。1995年毕业于上海财经大学,先后在安达信、普华永道和盛大做金融财务工作。2007年,他空降淘宝网,担任首席财务官,并担负组建淘宝商城的重任。2011年,淘宝商城独立,后改名"天猫"。

天猫原本叫淘宝商城，2011年6月从"淘宝网"中正式独立出来。打个比方，如果淘宝是由个体户组成的网上集贸市场，那么淘宝商城——或者说天猫——就是由有正规执照的商家组成的网络商城。

天猫所在的阿里巴巴集团目前旗下有阿里巴巴网站、支付宝、淘宝网（C2C）、天猫（B2C）、一淘搜索、阿里云等几大平台。作为目前中国最大的互联网集团军，阿里系的一举一动都将影响未来中国互联网行业的格局。天猫从淘宝中独立出来不到一年，年销售额就超过千亿，是它身后京东、苏宁易购等四家电商的销售额总和，成为中国最大的B2C平台。2012年12月3日，阿里巴巴集团在杭州宣布，2012年度，淘宝网和天猫交易额突破1万亿元。天猫总裁张勇说："1万亿中淘宝网贡献了8000亿元的交易额，天猫则贡献了2000亿元的交易额。而去年淘宝与天猫的总交易额为6300亿元，淘宝年度交易额为5000多亿元，天猫为1000多亿元，今年几乎翻了一倍。"

"十月围城"事件

2011年10月10日，当时还叫"淘宝商城"的天猫公布了2012年新的招商续签规则，其核心简言之就是"门槛抬高"了。新规则一发布，立即引发了大量中小卖家的强烈不满,他们愤怒于淘宝单方面更改游戏规则,因而迅速集合起来,用网络攻击无辜大卖家的方式,试图获得与淘宝的谈判筹码。这场持续了一周的"革命"席卷了几万个中小卖家,并被媒体高度曝光,被赠名"十月围城"。它所引发的风波甚至引起中国商务部的关注。

《中国经营者》(以下简称"中"):这个事件对你来说是一个非常大的挑战?我觉得放在任何一个 CEO 身上,都是一个很艰难的时刻?

张勇(以下简称"张"):确实那是一段非常难的经历。

中:你是从什么时候发现事情已经失控了?

张:两天以后。

中:两天以后,是从什么事(判断的)?

张:然后它变成了一种过激的行动,去恶意地攻击其他无辜的商家。在这个时点上,你就会发现,这就不是一个简单意义上说我对这样的一个规则不满意,我有一个诉求,那么(它)已经变成了一种,我们很多人,应该说整个互联网界基本都没有碰到过的一个情况。就是说,我不满意,我要找一个……

中:无辜者?

张:(找一个)表达的方式,结果我是用去对无辜者进行伤害的方法来表达我的诉求。

中：当时的攻击，第一时间你不知道吗？

张：当然我们知道，因为整个我们的商家，它的商品被恶意地购买、下架，商家的客服是通过旺旺与我们联系的，这些情况都会反馈到我们这里来。所以你会看到，规则无疑是一个导火索，是最直接的一个诱因，但是事件的发展，已经变成了一种网络的暴力行为，这个暴力行为本身已经超越了那个规则本身的起点。所以在那个时间，我觉得这个事情已经发展到另外一个阶段去了。

中：你后来厘清了没有，究竟哪一种人是闹事的核心成员，或者说对这个"新政"最不满意的成员？

张：我们把整个闹事的人分成两种，一种是我们认为是恶意的，一种我们认为是，确实在这个中间，会有一些商家刚刚进入淘宝商城。我们当时出这个新的规则，这里我要澄清一下，这个规则不是10月10日即时生效，它是2012年的1月1日生效。我们之所以提前将近三个月出来，就是希望给大家一个……

中：缓冲期？

张：缓冲期。但是，无论是三个月还是四个月，肯定会有一群人是在你出这个标准之前刚进来。当时原来的方案是没有一个缓冲的，他会觉得我刚来，我还没有怎么的呢，你就变了，那我们需要给他们一个交代，所以我们经过一个礼拜的思考以后出了一个过渡的方案。绝大多数的商家都接受了这个方案,整个续签的范围和比例是非常高的。

打造"社会公共平台"

"十月围城"之后,10月17日,淘宝商城召开新闻发布会,马云当众道歉:"我们对自己工作上面的不足、方式方法,我们进行全面的反思。"同时,对中小卖家承诺了一系列的优惠和资金扶持政策。马云说:"消费者在淘宝(商城)上面买到假货,客户赔,就是卖家赔,淘宝商城赔。我们十个亿准备全部赔光。"

虽然事件得到解决,但它对淘宝、淘宝所在的阿里巴巴集团甚至马云的形象都造成了伤害。对该事件,天猫内部持什么样的态度?经过该事件,天猫是否对自己的商业模式有了更深刻的认识?

中:我相信你肯定跟你的团队一起对这件事情做了一个复盘?

张:是。我觉得最大的一个思考,其实是我们对一个词有了一些新的认识,就是所谓"社会公共平台"这六个字。就是说,天猫或者淘宝商城是一个企业,有很多的行为是企业行为,但是作为一个社会公共平台,你不能仅仅在法律上站得住脚和在契约上没有问题,你对其他的影响力就不管了,这是不行的。这是我们在这件事情上最大的一个感受。就是作为企业本身,你有一个企业的责任和行动的准则。但是,因为你有公众性,你的一举一动,客观上会对你的合作伙伴、你的客户产生一些影响。这个时候你就要考虑到他们的生存现状和因此会发生的变化。我们作为这个平台的管理者,在这个上面,我们是需要去,不单在意识上去加强,这里面涉及一个……

中:公共管理的方法?

张: 公共管理的方法和能力的问题。我曾经跟马云有一次聊天,我说早在几年之前,他就提出来过,他说淘宝需要经济学家、社会学家、心理学家。我们把这件事情和这三个家挂起钩来看的话,确实,这三个经济学家、社会学家、心理学家提供了很多社会宏观经济管理的或者社会管理的一些方法和本领,我们作为一个微观的企业,我们在做这个事情的时候,我们普遍是要补课的,是要加强的。这是我们从这件事情上看到的一个东西。

中:你不是在提一个企业要做的事情,部分政府的一些管理方法层面,你也要借鉴。

张: 我们希望能够营造一个电子商务的生态系统。在这个生态系统里,有不同的行业的合作伙伴共同协作。他们之间有竞争关系,也有竞合关系。在这个里面,你会发觉作为这样的一个土壤,一个合作的土壤,就是这个平台,你做的一个决定,可能会影响到你上面一个企业的发展,甚至存亡。

出走淘宝

作为中国最大的个人对个人的电商平台,淘宝让"上网开店"成为一种新的就业选择。2008年,淘宝的注册会员数已经接近一个亿,商品登录数有两个亿,全年完成了近千亿元的交易规模。但是,随着规模越来越大,这个由无数"个体户"组成的集市,日益暴露出商户无证非税经营、充斥水货假货等一系列管理难题。

也正是2008年,淘宝网将正规持证纳税的商户切割出来,成立"淘宝商城"。2011年,淘宝商城成为独立公司,2012年更名为"天猫",彻底切断了它和淘宝的关联。天猫为什么要酝酿独立?天猫切分出大商户、抬高准入门槛的背后,又潜藏着什么商业逻辑?

中:其实很多人有各种各样的猜测,我就把这些猜测一一请你们澄清。有人猜测说,原来商城是作为一个"经济特区"一样存在于淘宝之中的,蛮好的,但是考虑到淘宝存在这样那样的问题,不能上市,所以要把商城的优质资产切割开来,然后商城是可以单独分拆上市的。你觉得这种猜测有它的道理吗?

张:这完全是猜测。我其实在很多场合都正面回应过这个话题。整个分拆跟B2C业务、天猫去独立上市完全是没关系的,天猫不会去独立上市。我可以这样正面地来回应这句话,这个拆分,第一是从这个消费者的需要、用户的需要来做的。第二个是从整个业务发展的特点来进行的。因为不同的业务有不同业务发展的轨迹和路径,同时需要给用户、给消费者建立不同的认知,并满足他们不同的需求。

中:如果我们先不谈消费者和商户这一块,我们来单谈你们自己的业务部门里面这一块,是不是淘宝商城在淘宝里面壮大起来以后,在资源分配上会两者之间产生很大的矛盾,或者说是有竞争的关系?

张:其实我们无论怎么拆分,有一点非常重要,就是淘宝网是一个很大的母体,它是一个非常大的土壤,所有的B2C的商品、天猫的商品,过去和未来都会在淘宝网里出现。所以,对我们来讲,有几个东西是相互连接,是不可能分开的。第一个东西就是用户,我们称为"淘宝会员"的用户。我们有四个亿的会员,这四个亿的会员是非常宝贵的财富。所以,对我们来讲,它们是既分又合的两个网站。从合的角度来讲,它的……

中:它的流量是不能分的,它的用户是不分的?

张：用户是不分的，流量，因为你有两扇门，毫无疑问，你会在大街上去吆喝更多的人从靠街的那扇门进来。整个大厦人多的话，自然就有更大的几率更多的人从大厦里面那扇门进入到大厦里面去。

中：什么是分呢？商户我们看到是要分的，是吧？

张：对。我们分两个方面来讲，一方面就是商户，商户非常简单，大家非常容易理解，就是说作为天猫的商户，都是企业商店。那么在这里，我想强调一点，就是说天猫的企业，我希望是真正意义上的企业，而不是拿了一张营业执照，挂着企业外衣的一个作坊。淘宝集市，它更多的是非专业的B2C。我之所以这样说，是因为我认为在中国没有真正意义上的C2C，C2C应该是个人与个人之间交换二手闲置物品。但是，在淘宝网上，我们之所以更愿意把它称为一个非专业的B2C或者小B2C，就是说其实当中有一大堆小的卖家，他们本质上还是职业的卖家，不是一种交换二手闲置物品的。但是，我们现在做一个天猫，这个区隔点就是专业和非专业。我们要服务的是专业的B2C企业，淘宝网服务的是小B2C，是不专业的B2C。

何谓"确定性"

作为被马云委以重任的天猫领军人，张勇在不同场合中都表示，服务专业 B2C 企业，打造被消费者认可的无忧购物流程，保证商品和服务品质的确定性，是天猫2012年的重要任务。

中：你是怎么理解"确定性"这三个字的？

张：我说的确定性，很重要的一点是说，作为商家，它提供给消费者的商品也好，服务也好，它说的和它兑现的是一样的，这就叫确定性。

中：如果我们简单来说这个问题，比如说一二三、什么方面？

张：第一个方面，我们是希望能做到，一个消费者买到的东西和商家跟他说的是一模一样的。第二，消费者下了订单，商家一定有货给他。对于这一点，不太熟悉网购的观众会觉得，这还不简单，卖东西一定有货，这是最基本的道理。但是，我可以说，这里面也分一种正常的缺货和你不能理解的缺货。

中：它故意的？

张：它故意的，就是说它本身是没有库存的，它就在网上挂一个图片，有人来买了，它再去进货，再卖给他，但是他不知道这个货还有没有。

中：体验就很差了。

张：对，他的体验就很差。这是第二个确定性。第三个确定性是涉及物流的,就是说你不要晚到,这个很容易理解。但我认为也不需要早到,就是你说好一天就一天,你说好三天就三天。你早来家里还没人,对不对?

中:那我的问题就来了,你作为平台商,货不在你手里,服务也不是你直接给消费者提供的,你这个确定性的抓手在哪里?

张:这是非常好的问题。我们作为一个平台,我们的抓手就是,让能够实现确定性的商家、能够提供好的商品和好的服务的商家获得更多的商业机会。

中:我能不能这样理解,你手里面有这几件武器,支付宝算是一个,能够掌握它的信息流和订单流。你还有搜索,搜索的导向是可以掌握消费者的人流。另外还有保证金制度,你是可以有惩罚的。

张:从大的方面来讲,确实是这样。你对我们很了解。从我们的平台来讲,我不能没有一个直接的方法,说我要保证这个确定性,我自己来做。我们不是这样想的,我们想通过你刚才说的那几方面,第一,让服务更好、商品更好的商家获得更多的商业机会,而不是卖最多的获得更多。你卖得好,最后一大堆退货,你肯定不行。第二,设置一种违规成本,你说好的你要提供这样的服务,你做不到,你就要付出代价。我们现在用的方法是"假一赔五"。"假一赔五"的概念就是,你这个商家最终被发现卖了100元钱的假货,就要赔给消费者500元钱。

中：这500元钱就是从保证金里面扣？

张：对，然后它的店就立马被停掉了。这个时候，对于想冒天下之大不韪去卖假货的商家就要想一想了，它冒这个风险和它获得的收益是不是对等。

商户的疑惑

联想、李宁、ONLY、COACH等目前已经进驻天猫的品牌旗舰店。中国的网购经过十年的发展，已经到达近八千亿的规模，占全国总零售额的4.3%。庞大的网络消费需求召唤着传统零售商，但网上混乱的渠道和惊人的低价又让他们裹足不前。在网上开店会不会对线下渠道造成冲击？复杂的网上渠道又该如何管理？天猫作为一个纯平台，能够协调好各种交错的利益关系吗？

中：我现在总体地把这些商户的疑惑向您反映一下，比如说有的商户有疑惑，说我们交那么多的保证金，全部交给你，那么你手里不是一下子有一大笔钱，这笔钱的用处在哪里？你可能拿出去用做他用？

张：这个问题很简单，其实第一，严格来说，这个保证金并没有交给天猫。

中：但都在你的大盘子里。

张：不是。这个保证金都冻结在每个商家自己的支付宝账户里面。也就是说,这个钱本身从归属上看,它其实像一个限制性的存款,就是不能有其他的用途,但并不是说,这个钱我可以用。

中：但还是在阿里巴巴的口袋里。

张：但是,这个钱是不能挪到其他地方去的。因为你的支付宝账户对应的钱,相当于你在银行里的备用金,两者是匹配的,你不可能把这个钱挪到其他地方去。

中：现在天猫品牌商和贸易商同时存在,比如说我输入一个卡西欧,它光左侧推荐的这个精品店就有七家,而且是比价的。作为一个商铺,将心比心,我肯定希望我在你这儿是唯一的一家出现的,至少消费者选择我的时候是唯一的一家出现的,那为什么会有那么多的选择给到消费者?这对于店家会不会不公平呢?

张：我觉得这恰恰反映了一种作为一个平台的公平性,就是说对我们这个平台来讲,我们希望给消费者足够的选择,但不是唯一的选择。卡西欧手表,你可以从这个店买到,你可以从它的品牌商那儿买到,你也有可能从它的渠道商这边买到。作为消费者,你无非就是比较几样东西,比如它的商品本身的价格,它的这个店的服务的能力和服务的水平,你是不是满意,然后你在这个中间进行比较,做选择。

至于这个度是多少,我觉得这是仁者见仁智者见智的。

中:那你的仁和智是什么?

张:我觉得对于一个消费者,所谓货比三家,他有三到五家的选择,我觉得是可以接受的。从我们的角度来讲,我们不会说,对不起,这里有三个人在卖卡西欧了,第四个人你就不能来了,这不是我们运作的理念。

中:你前两年还真有这个理念,当时你还规定了,一个品牌商最多是带三家相应的分销商,那个政策后来为什么改掉?

张:我们觉得,你永远不能决定说新来的那个是比现在的好还是不好,这不可比,因为他没有来做过。所以,你最终是让市场经济规律,优胜劣败的这个规律自己来发挥作用。

中:你这样的想法对于消费者来说当然是 OK 的,但是对于很多品牌商来说,你要说服它进来,恐怕就会有难度了。它会想说我不愿意跟这些分销商在一起,它们可能会影响到我的销量,会让我左右手互搏,我是自己在跟自己比价,我不是在跟我的竞争对手竞争,我是在跟自己竞争,会不会有这个问题?

张:其实,我们跟很多商家谈到过类似的问题,但是有个非常好的比较就是说你看一下所有的销售渠道,即使在线下,你忘掉互联网,在线下这个销售渠道,也不是垄断的。

中：这是另外一个问题,我很想知道,有没有品牌商向你们提出来,因为某种原因,我可能授权了很多很多的销售商,但是在网上,我希望我进驻的一个前提条件就是把它们都赶走,就我一个?

张：这个我可以这样讲,在两三年以前,我们收到这样的问题会比较多。但是,经过一段时间发展以后,这些品牌商已经从抵触开始转到正面对待和认识到,在网络上同样能够形成一个销售的渠道、体系。所以,现在你可以发觉,我们上面有一些品牌商,它们已经形成了一个所谓的一个旗舰店,就是它的品牌店,带着若干家它的专卖店一起来经营(的模式)。

中：**很多商户可能还有这样的疑惑,它会不会对我线下的商品造成价格上的冲击？或者你有什么方法可以告诉它说,采用什么方法其实可以避免这个？**

张：这个话题是最经常谈到的一个话题,就是渠道冲突问题,特别是传统品牌进入到电子商务也就是网上以后,它会发觉说,我线下的生意怎么办？其实经过这么几年的摸索,(我们)已经形成了一系列有效的方法。我简单举几个例子,一种现在常见的做法……

中：**最有效的一两个就行。**

张：随便讲两个吧。第一个,比如说研发针对网上的新产品,我们现在有一个术语,称为"网络特供款"。它通过产品本身的区隔（来避免冲突），这几个型号，是线下没有的。这是第一个。第二个，比如说化妆品，它很难短时间研发一个基于网络的新的东西，那么怎么做呢？有很多品牌商的做法是形成网络专供的 Package，即组合装，就是现有的产品进行不同的组合。总之一点，渠道冲突通过产品的区隔，进行一定程度的区隔和变化（来解决）。这已经是非常常见的做法了。基于同样的产品，你打不同的时间差，你也能够进行渠道的区隔，你在不同的时间纬度上进行线上和线下的区隔，这都是现在已经非常通用的办法。

从 CFO 到 CEO

从天猫张勇的采访中，我们可以隐约看到他们眼中的未来趋势，所有传统零售商都可能通过不同方式走上电子商务道路，天猫和它所在的阿里巴巴集团，就是要抓住这个巨大的上升浪趋势而起。天猫已经是千亿量级规模，所以它的每一个战略举动，都直接影响到每一个中国电子商务市场的生态群落。

中：你在 2011 年最后一天转发了一条微博，说有些事只能一个人做，有些关只能一个人过，有些路只能一个人走。当时经历了什么事情，你会对这句话那么有共鸣？

张:确实有很多事情,你作为主角,你必须承担你应该承担的责任,而且你要去过压力也好,坎也好,你都要自己去走。

中:早年曹国伟做新浪 CEO 的时候,马云曾经说过一句话,天不怕地不怕,就怕 CFO 做 CEO。可能他觉得做财务官的人更注重风险控制,更注重成本控制,他可能在战略上会比较保守。那么你觉得马云让你从 CFO 的位置换到了 CEO 的位置,他看中了你身上的什么特点?

张:以前有一个电影叫《巴顿将军》,《巴顿将军》里面有一个格雷德利,一个四星上将,他说,我和巴顿的区别是,巴顿打仗是因为他爱打仗,我打仗是因为我被训练成去打仗。可以说,我过去十几年的工作是一种外在训练的结果。其实在我当 CFO 的时候,我一直的信条是,一个不理解业务、不懂得战略和执行的 CFO,不是一个真正意义上的 CFO。把 CFO 当成管钱的,是很狭隘的一个想法。所以,我想,从马云这边来讲,经过这么几年我们一起工作,我想他对我的这个特点有所了解。所以,从这个角度上来讲,最终他把我放到了现在这个岗位上。

中:一个 CFO 做 CEO,他从一个具体管一块业务的变成一个总管,挑战相当大,你觉得对你来说,最大的挑战在哪里?

张:最大的挑战就是你要敢于做决定和你要放弃寻找

最完美的方法这个本能意图,因为CFO是要算得很清楚的,我投入这点资源,我要获得这个回报,我每年有预算,预算要在整个运行体系的框架内完成。这个因果、投入产出,都是一个量化的关系。但是,作为一个CEO,你面临的很多问题,都不是量化能够解决的,而且你应该放弃量化的这种思维方式。比如说一个企业,包括像我们现在天猫,它要推广它的品牌,它要花很多的钱,利用各种方式来推广它的品牌。这个时候作为一个CFO的角度,那就是市场费用,它是一个费用,但实际上,作为CEO来讲,这个东西绝对是一个投资,它不是一个费用,因为它对未来产生收益。所以,这个看的角度会完全不一样。

当你掌管这么大的一个业务,特别是一种创新型的业务的时候,你需要的是一种决定的果断。这从我个人来讲,是我过去两三年刻意去改变的。我们做的很多事情,你会发现没有一个所谓完美的方法。

中:特别是在充满了不确定性的时候,有的时候撞了"南墙"才知道。

张:对。但是,我过去的训练,是必须要找到一个最好的确定性和一个最好的完美的方法。但你会发觉,(完美的)一种解决方案本来是不存在的。有很多事情并不是那么有逻辑性。

中:随机应变很多事情。

张：你需要一种灵感和一种感觉，或者说……

中：**商业直觉？**

张：商业直觉。这个时候我觉得有几点（很重要），第一点，你问我为什么，我是说那你就得信我的直觉。第二点，我觉得非常重要的是，一个创新型的团队没有时间和耐心等待一个完美的方案。最终你会发觉，也许你的选择不是完美的，但是最后应了一句老话，就是"条条道路通罗马"。实际上，其实不存在最聪明的方法。

开放

电商之间惨烈的价格战使得整个行业都处在烧钱的困境之中。2011年，紧随天猫之后的京东商城再次融资15亿美元，苏宁集团也加大了对苏宁易购的投入。对手步步紧逼、价格战愈演愈烈、资本市场对电商企业疑虑重重，张勇新官上任，大环境就先给他烧了三把火。

中：现在大家都比较关注电子商务的价格战的问题，因为它们在这个低价上一直做得非常狠，利用这个价格的优势进行跑马圈地。那我在想说，天猫会不会不可避免地也被拖累进去？

张：首先对我来讲，我没法陷入到一个价格战之中，甚至我不具备这个条件,为什么?我没有定价权。

我跟很多商家讲过一句话,我说在我看来,对于商家来讲,不讲原则的低价,最终必然造成低质,低质必然造成更低价。

中:因为它生产成本是固定的。

张:对。收入降低,那我只能把支出也降低,那就是成本也降低。成本降低,那无非就是几种(做法),比如用好的料子变成用差的料子,对不对?用户选择这个好的价格的核心,是因为背后的东西是可以的。在东西质量不变的情况下,当然每个人希望越便宜越好,但是这里面有一个度的问题。第二个问题是说,商业的基本规律就是低买高卖,这样你才有一个进销的差别。这是一个企业持续经营的最基本的逻辑,没有一个企业可以完全长时间地做到这个倒差价。倒差价的做法,其实里面含了一个赌博性的判断。就是说我通过这个倒贴,我吸引了用户,当用户再来以后,我就不用倒贴了,因为他们不会走。

中:形成垄断以后。

张:形成垄断以后,这个非常重要,这个是前提。但是,核心的问题是这个市场能形成垄断吗,在这么一个开放透明的互联网环境里面?我曾经跟一个线下超市的老总聊天,然后就聊到类似的问题,我说到怎么看用户忠诚度的问题。我说每天早晨班车下来,一群老太太哗~冲进来,买那

> 天猫和京东、苏宁易购等其他电商的区别在于,其他的电商相当于传统零售业中的百货公司,自己买货卖货;而天猫则相当于商业地产商,只负责出租柜面。

个便宜的鸡蛋,我说这些老太太对你有忠诚度吗?他说没有任何忠诚度。

中:但是,这个销量可以跟投资商来议价。

张:我觉得不要低估任何人的智商。做专业投资的投资商,如果在这个问题上都长时间搞不清楚的话,那么他是不 Qualified(合格)的。所以,事实现在证明,为什么在最近半年整个电子商务进入到一个资本的寒冬,就是因为大家慢慢搞清楚了。我曾经说,上一轮我们称为泡沫的这个过程中,最高兴的是谁?最高兴的是门户、媒体,所有的资本市场的钱最后都变成广告费了,都去那儿了。所以,这个时候不应该投电商,应该是去买那个媒体的股票,它们才是稳赚不赔的。

中:其实我觉得还有一个逻辑,我个人觉得京东发展,它再怎么低价,也低价不过你,为什么?因为我觉得,是不是有这样的一个逻辑,就是它再低价,也低价不过品牌商的直销?而在你这儿,这个直销是可能存在的,在它那儿,它怎么着也是一个经销商。是有这个逻辑吗?

张:对。任何卖货的外部的这个平台,或者这个网站,是跟所有的天猫的商家在竞争,而不是跟我在竞争。

中:所以你也欢迎(对手加入),如果它愿意的话?

张:我们去年(2011年)在8月份公布了一个开放平台的策略,现在我们有大量的大家熟悉的外部的 B2C 网站在天猫都有店,它们也在我这儿卖电器,在我这儿卖奶粉,卖其他的产品,因为大家都很聪明,最后都看明白了。

中:听下来,我觉得天猫最大的一个特点就是它的开放性,是不是开放性也能作为互联网时代一个商业模式是否先进的一个判断标准?

张:我只能说,开放是整个互联网的基本特点,也是我们做电子商务的必须把握的一个基本规律。开放更多的是一种心态,就是你不要老觉得你比别人强,你能做,别人做不了。还有一点就是所谓开放的心态,更重要的一点是你不要预测、判断。因为整个市场是一个效率非常高的市场,消费者的选择会传导到商家,传导到服务上。

中:马云有一句特别著名的话,叫做"拿着望远镜也找不到对手",那么在你的这个"望远镜"里面,是不是已经完全充满确定性了?你看到的都是一片光明的前景?

张:我觉得,在这个行业里面,你当然能看到别人的存在,我眼睛里肯定有别人,不会只有我自己。但是,我觉得整个天猫的未来掌握在我们自己手里。关键是我们能不能做正确的事情和少犯错误,你做事你就要冒犯错误的风险,但是你要尽量地少犯错误。

中:我现在特别想知道的是,在你的"望远镜"里面,你看到的让你睡不着的东西是什么?

张:我经常做的事情是,我作为一个用户,而不是作为这个平台的工作者的心态去看这个网站,去选东西、买东西,你的感受会完全不一样。就是你真的用一个用户的心态去看这件事情,有他的这种焦虑、烦躁,然后爽和不爽的地方。或者你是一个商家,你在这么一个土壤里面运作,你会有什么喜怒哀乐?就像你前面问我的很多问题,你会有什么问题使这个商家睡不着觉,就是你要换位思考。

中:商家睡不着觉,或者消费者睡不着觉,困难的地方,就可能是你要解决的问题?

张:是的。

掌控物流

细数目前国内几大电商,除了天猫之外,京东、苏宁易购、当当、凡客等都拥有庞大的自建物流体系。对于电商平台而言,失去对物流的掌控,就等于失去了服务客户最重要的抓手。马云也曾多次表示:"我们可以预见,淘宝一年可以做一万亿,但是做不到四万亿,主要原因就是物流。"

然而,由于自建物流系统巨大的复杂性和风险性,淘宝网选择"开放"战略——让网络卖家自己与快递公司对接。但2011年1月,情况发生了变化。阿里巴巴集团正式发布物流战略,宣布将投资两三百亿资金,逐步在全国建立起大型仓储体系。中国最大的电商航母要挺进物流行业,肩负组建物流重任的正是天猫 CEO 张勇。

中：我们说说物流的问题。物流的问题很有意思，因为淘宝之前也有同样的物流的问题。但是，淘宝并没有下决心，要去用它的平台力量做这件事情。为什么到了天猫这里，就需要你来出手了呢？

张：很重要的一点还是我说的这个服务的确定性的问题，就是说服务的确定性里面含了物流的确定性。淘宝发展的这八年和中国快递行业发展的八年，我一直认为是完全连在一起的。因为商家是分布在全国各地，消费者也分布在全国各地，所以需要一种网络型的递送管理结构，这就是现在快递公司基本的业务结构。就是一个网络，一张大网，它是一个全国性的网络。所以，快递公司的改造和升级是非常难的。但是，B2C 的发展，你会发觉，它从业态来讲，跟 C2C 有一些明显的区别，它的区别是，它不是一个网状结构，它是一个星状结构。它不是有几百万的商家分布在全国各地每家发几单的概念。你可以把每一个商家所在的位置看做是一个星星，就像光芒一样，它这个点上一天要出去 N 道光芒，是一种辐射源的概念。而这个时候它所需要的这样的一种物流的物理的配置，就不完全是一种网络的概念。原来的快递重揽收，就是说快递行业看重的是我能够揽到多少快递邮件，因为这就意味着生意嘛。

中:它看重揽收?

张:对,它看重揽收,相对不那么看重派送,因为货已经揽到手里了,揽到东西比送到更重要。但是,在B2C里面,你会发觉,你接到一个B2C的客户,也许你一天能揽1000件包裹,这个时候揽收不是不那么重要,而是说考验的是你配送的能力,所以如何来建立适合于B2C发展的新的业务格局就变得非常关键。

中:仓储为什么是你们认为的一个瓶颈呢?

张:我刚才讲过,B2C首先是一个星群、一群星星,每个B都是一颗星星,它有一个发散的功能,它有一个辐射消费者的功能。那么这个时候,与之相配,你在仓储上也需要有一个星群、一群星星。

中:为什么不能用社会化的力量来协作呢?

张:非常好的问题。中国很大,中国也不缺土地,但是核心的问题是,在商家集群、产业集群聚集关键的位置上,适合于做仓库的土地是有限的,而不是无限的。你与其让商家自己单独地去准备这些资源,还不如整合一些资源,你知道这一定是商家要的,你能够说,在上海的什么地方,在北京的什么地方,我有这样的一些物流设施、一些仓库,能够提供给你们。

中:难道中国没有这样的一个专业公司来提供你所说的这个服务?还是因为你认为它是一个商机,所以你势必

> 为了满足商户的配送需要,阿里集团在东北、华北、华东、华南等七大区域的中心位置买地建仓,每个区域的仓库占地都在百万平方米的规模。

自己要介入?

张:我们是希望能够更前瞻性地去布局,在商家需要的时候提供给它。但是,这不代表说所有的商家只能用我提供的仓库,这个肯定是不对的。

天猫要做什么

中:那你现在感觉到的瓶颈制约在哪里?

张:你会发觉,在整个中国,社会的物流资源其实是极其丰富的,非常多。但是,整个资源跟网络、商家和消费者的需求之间的匹配是脱节的。我们要做的事情是,如何把社会资源的供给和商家的需求更好地挂起钩来。

中:你能具体地说吗?

张:就比如说去年(2011年)的"双十一",那天是个网购狂欢节。

中:创了一个历史记录。

张:创了一个历史记录。我记得是一天有两千万多的包裹。大家都可以理解,整个的物流供给能力是有限的、是恒定的,你短时间内不可能膨胀那么多。那么你如何在短时间内消化掉这样的一些包裹量?这个时候资源配置就很重要。你需要把这个地区这家物流公司的运转能力大到什么程度这样的情况更多地让商家(天猫)知道,让商家(天

> 在2011年1月阿里集团发布的物流战略中,推动社会化物流平台的建设是未来的重点。马云表示:"上一个十年,电子商务的三座大山是信用、支付和物流。未来十年,我们将会在制度、物流上面做文章。"

猫)能够去选择那些还不那么饱和的公司,然后让它更有效地运转起来。

中:所以你就是作为一个信息的中间的协调者的角色?

张:对。这里面核心的一点,其实就是通过这个数据的变化、流量的变化、业务计划的变化,能够事先来准备调动和准备整合这个社会化的物流资源,能够使这两个更好地配置起来。

中:在你眼中要打造好未来的话,还有哪些没有做而又必须你要做的事情?

张:还有一个就是怎么能够服务商家,让它更好地整合整个供应链体系,这个是一种整合的服务,也是我们需要去整合社会的资源,共同为商家来提供的。比如说,商家怎么了解整个行业的趋势?怎么样来备货?备货能不能有具体的指导性的意见?我应该备什么样的货?

中:你说的是数据库分析?

张:对。就是说数据库分析的结果能够对它的供应链产生一些积极的影响。

中:或者是一种定制化的生产。

张:对。最终你是用前端。曾经我们有一个提法,我们认为最终是C2B,而不是B2C。这句话的核心是,最终我们认为消费者的力量和需求会通过互联网更有效率地反映出来以后,会影响到零售链条、设计链条、供货链条,影响到整个产品的价值链。所以,这就是一个 C 来影响 B,而不是 B 做了一堆东西,我放在那儿。传统的工业时代,是这个 B 生产了一堆产品,我有 100 件衣服,你就看着买。

中:**是一个试错的过程。**

张:对。而 C2B 是说,你需要什么样的衣服,我根据你的需要生产给你。所以,在这整个供应链体系里面,无论是新兴的互联网的商家还是说传统的商家进入到电子商务,它们对于整个电子商务上的特点造成的对供应链的改造还处于一个启蒙阶段。未来有大量的空间和大量的需求,在这个中间,我们(需要考虑)如何来帮助商家做好这样的改造,帮它提升这个能力。

中:**最后是一个大的问题,你觉得你希望在未来的中国商业版图里面,你或者天猫去扮演一个什么角色?**

张:我们是希望最终天猫成为消费者时尚生活、品质生活的一个不可缺少的选择和一个网络购物的地标。就像你到上海,你想逛街,你会去徐家汇、去淮海路,你去香港,你会去铜锣湾。就是说在网络上,你想到网络上来看一看,想买东西,想逛一逛,甚至不想买东西,只是想看一看,你本能地想到这里(天猫)是品牌云集的地方,而且品质、服务都很好。我看得很爽,买得也很爽,仅此而已。

中:**谢谢你,祝你早日达到目标。**

天猫所在的阿里系一直是中国电子商务的急先锋。虽然2011年因为支付宝的股权问题和"十月围城"事件，阿里系和马云本人经受了前所未有的公众信任危机，但从这次的采访中，我们看到阿里系布局未来电子商务的步伐并没有放慢下来。

马云在演讲中曾经提到，他对总理说，我们要为一千万家小企业解决一个生存、成长、发展的平台；第二个目标，我们要为全世界解决一亿就业机会；第三个目标，我们为十亿人打造网上消费平台。无论马云说这个话的时候，是不是真正都出于公心，这都是一个宏大的梦想。

京东

——和自己赛跑

这是一家快速扩张的电商,也是一家仍在亏损的电商
刘强东:如果说永远免费免下去,大家永远不赚钱,最后整个行业全部要死掉。

卖百货追兵无数,做平台强敌在侧,价格要低、品牌要高,什么是夹击下的制胜之道?
刘强东:这是我们最大的野心,这个野心是非常可怕的。

一手平台,一手自营,京东的边界在哪里?
刘强东:我们现在已经有超过200万个品种,到年底的时候,我们会达到500万个。

订单暴增拷问物流体系,他不惜血本打造"亚洲一号"
刘强东:"6.28促销"、年终促销订单一暴涨的情况下,我们的物流服务能力就有点跟不上。

立足中国,进军海外,他有着怎样的野心?
刘强东:我们希望做成整个全球的电子商务行业里面用户体验最佳的一家公司。

刘强东 京东创始人、CEO。

有这么一个人,他领军的电子商务企业是中国自营B2C中规模最大、成长最快的。创业不到8年,他已经提出了冲刺千亿销售额的目标。他是在中国电商中最被资本看好的。

他是刘强东,京东商城CEO。15年前下海创业,最早在中关村做传统的IT产品代理销售。但他很快发现,网络销售在降低成本、提高效率方面有着不可比拟的优势。于是,在2004年,他放弃了传统店铺,转型做电子商务,成立京东商城,主营3C类产品。

在接受《中国经营者》的采访时,刘强东曾说,对于零售商,成本和效率是它的生命线。任何一种新的商业模式的出现,在其迅速发展的过程中,必然会跟旧的模式之间产生激烈的冲突。按照刘强东的逻辑,只要提升效率,压低成本,零售业新模式取代旧有模式是一种必然趋势——大商场取代了传统集市,是因为运营周期从90天减少到60天;连锁店取代大商场,是因为成本从50%降到了15%;而京东商城能从连锁店的手中抢得一杯羹,靠的是降低一半的运营成本和接近12天的库存周转期。

从2004年到2010年,京东商城的销售额急速膨胀,仅用了六年的时间就实现了百亿销售额,而传统渠道国美、苏宁,达到这个数字用了整整十五年。

凭借低价的杀手锏,京东商城迅速打开了市场。2010

年,它成为销售额过百亿的互联网枭雄,其业务范围也从3C产品和电器拓展到了百货领域。令同行感到恐惧的不仅仅是它的百亿规模,还有它在各个领域挑起的疯狂价格战。

对于打价格战,刘强东表示,低价是竞争的一个策略,京东做任何产品,都要保证比竞争对手(包括线下的传统店面)还便宜。但是,打价格战,最后到底谁是赢家?什么时候价格战才能停止呢?刘强东也坦言,价格战没有赢家,当打到大家都没有利润的时候,价格战自然就停止了。在他看来,打价格战不是如外界所认为的,是为了吸引投资人,京东商城打价格战,只是为了争抢用户。

打价格战,没有"子弹"是不行的。已经接受多轮融资的京东商城"弹源"充足。2011年,刘强东在接受《中国经营者》采访时说,京东商城有足够的资本打仗。京东商城不停烧钱,风投为何依旧倾心?他们看中的是刘强东这个人,是他的项目,还是京东商城的商业模式?"人是最关键的,"刘强东说,"项目和商业模式,没有任何秘密可言。"京东商城像"恶狼",有攻击性,有目的,有非常强的执行力。刘强东认为,这应该是投资人看中京东商城最主要的也是最核心的原因。

然而,在各领域挑起的战争让京东商城变得不受待见。刘强东说,参加厂商举办的全国代理商大会的时候,京东商城一般都是被传统渠道声讨的对象,会有几十人上百人甚

> 对于2012年"8·15价格战",刘强东在2013年3月23日出席清华大学"创业创新领导力论坛"时表示,开战的目的,除了向供货商展现实力,有能力跟国美、苏宁进行一场全面的战争之外,还要让国美、苏宁认识到,通过价格战是打不垮京东的。

至打着横幅,说要求把某某品牌的某个代理商,也就是京东商城踢出去。但是,刘强东很坚定:"商场永远不会有和平,商场就是战场。""我每天都在战斗。"

2011年,京东商城获得了15亿美元的天价融资,这个数字比当时其他所有电商的融资总额还要多。然而,京东面临的好奇和争议也最多。到今天为止,京东仍没有实现盈利,而且依然在快速烧钱。这究竟是一家什么样的公司?面对并不乐观的市场环境,它又将何去何从?

《中国经营者》(以下简称"中"):非常高兴您接受《中国经营者》的专访,我们这次已经是第三次采访您了。我听说今年(2012年)1到2月您到哈佛去学习了一段时间,这趟美国之行,我不知道您收获最大的是什么?

刘强东(以下简称"刘"):这次去学的主要还是金融管理和战略管理方面。

中:为什么在这个时候您要开始考虑去学习这个?

刘:因为从今年开始,京东公司整个营运的规模上到一个新的台阶,我们即将面临过千亿销售收入这么一个情况,所以公司的战略和金融的管理都显得尤为重要,或者比以往更加重要。

扩充的边界在哪里？

在过去的两年里，中国的电商经历了从酷夏到严冬的转变。2010年底，电商圈充满了乐观景象。麦考林上市，当当IPO，天猫上线。可是仅仅几个月后，形势急转直下，资本对电商的热情降至冰点，电商负面新闻频现。2011年夏天，由于品类扩充过快，凡客陷入困境，先是一轮大裁员，接着网络上开始流传凡客陷入巨亏、库存激增、资金周转困难等传言。对于京东而言，无论从员工数量还是品类分布上看，其量级都远超过凡客，那么在速度与风险中京东如何找到平衡，又该怎样避免重蹈凡客的覆辙呢？

中：京东是发源于3C，是以3C作为它强势的一个品类，然后进行其他的扩充，向百货业进行扩充。现在它已经进入了图书、服装等很多很多相关的领域，我不知道您在这个品类扩充上有什么战略？

刘：我们现在已经有超过200万个品种，到年底（2012年底）的时候，我们会达到500万个。

中：因为你的品类扩充，包括你的物流仓储的数量还在增加，包括你管理的幅度还在增加，这几个叠加起来，可能不是一个加数，是一个乘数，可能你管理的复杂程度会大大加深。

刘:肯定是的。

中:前段时间有一个电商,就是因为它在品类扩充上面步伐走得太快,导致它的库存会有问题,那不知道这对你来说是不是一个挑战,因为(京东的品类)已经达到了你刚才说的200万个?

刘:对。我们200万种商品,我们花了8年的时间。你上个产品,其实很简单,就是弄张照片,弄点信息,你就可以上柜了。但是,背后物流是非常复杂的,供应商的管理是非常复杂的。所以,京东并不是一家冒进的公司。我们完全可以做到2004年上线第一星期就上柜200万个品种,这太简单了。但是,我们用了8年的时间,到今天为止,也只扩充了200万个。所以,我们还会不断地扩,但我们都是把我们后端的供应商的管理能力、我们物流的服务能力先打造好,我们在前台再去扩。

中:这个扩充的边界在哪里?就是你有没有告诉你的管理团队说,有一条原则或者某种纪律?

刘:我们只是把它分为标准型和非标准型的,对于标准型产品的话,就是京东自营部分,我们会进入,所有的标准化产品,我们都会进入。当然,我们也会欢迎无数的平台卖家来跟京东进行竞争。对于非标准的东西,京东自己是不进入的。非标准的东西,我们全部采用POP(开放平台)的方式进行销售。

中：你能举个例子来说吗？

刘：比如说服装、鞋帽，就是典型的非标准类产品。因为品牌非常多，品种非常多，然后换季非常快，这种情况我们就不会自营，我们就会让POP卖家去销售。像家装、各种瓷砖，这些都是非常海量的品种数，我们也不会自营。但是，对于像手机、数码相机、书，这些都是非常标准化的产品，我们自营部门就进入。所以，最后你要看整个京东商城的平台，可以说我们一定是海量的SKU（品类），就是几乎你能够想象的所有的合法产品在京东商城都会有销售，一个都不会少。但是，在内部来讲，我们只会区分它是标准类和非标准类而已，别的没有区别。

一手自营，一手平台

为了实现心中的千亿梦想，刘强东在2011年发力，重点打造POP开放平台，月平均增长率高达22%，预计2012年营业额将达到150亿元。京东的POP模式与天猫类似，吸引其他商户入驻京东平台，也就是"出租铺面"。对入驻商户来说，可以分享到京东庞大的平台资源；对于京东来说，小商户们的汇聚一来可以丰富京东商品的品类，二来京东可以通过收取佣金增加收入。

中：现在我们把这个分开来看，也就是说京东商城可以分成两个大的部分，一块是自营的店。我的理解，这个自营店有点像线上的沃尔玛，它有巨大的吸引客流的一个能力。您的POP的开放平台就相当于您的周边的一些物业，如果是传统零售的话，可能您周边的一些物业就（用来）出租，然后就利用了这些流量，同时还给你产生租金的效益。我不知道这样理解对不对？

刘：非常准确。你去逛沃尔玛、家乐福的时候，在进沃尔玛、家乐福超市之前，你会遇到一些小店，或者从沃尔玛、家乐福出来的时候，在走到停车场的过程当中，在旁边还会发现这个小店，实际上性质都是一样的。

中：一手平台，一手自营，会不会带来一个问题，就是一个一致性的问题？一个是提供商品的品质的一致性，因为毕竟你自己自营的这个平台，你的品质是有保证的，这个我们都相信。但是，你平台那块，是不是在商品的品质上相对来说控制力度上就难一点？

刘：目前入驻京东商城POP（开放平台）的已经有几千个卖家，产品种类已经达到70万个SKU（品类），从来没有发生过一例水货和假货。

中：没有发生过一例水货和假货？

刘：对。那是因为我们在开放这个模式之前，我们就把确保产品品质当做我们的一个基础，达不到这个基础，我们是不允许任何卖家进来的。我们所谓的卖家,其实都是大的品牌厂商。我们的商城 POP,没有夫妻店,特别小的小卖家是不允许(进来)的。所以,我们的平台不是有几百万卖家,我们将来最多(只有)一万两万卖家。但是,每个卖家都是各个品类里面最强的一个,能够保证它的产品品质。同时,我们平台所有的要求都是统一的。比如我们统一是 39 块钱免运费,不管是京东自营还是 POP 卖家,都是符合一样的规则,消费者不需要去区别。我们所有的售后服务都由京东商城统一来承担,而不是由各个卖家来承担。

> 互联网分析人士刘敏华说,开放融合才能取得更大发展,天猫的开放使得其不发一件货物,却已坐上 B2C 霸主的位子。

中:还有一个问题,就是说一手是自营,一手是平台,会不会有左右手互搏的问题?比如说一个 MP3 或者 MP4 的产品可能要进你的自营渠道相对比较难,因为你那边的门槛比较高。但是,如果我到了平台这边,门槛相对比较低一点,那我就能进去。进去以后,有可能就和你那边的 MP3、MP4 的产品进行竞争,甚至我的利润还比你好。我不知道你有没有遇到过这种情况?

刘:我们本身在设计这个部门的时候,我们就预料到会有这种情况,而且我们希望这种事情发生。

中:为什么希望?

刘:只有卖家和卖家之间不断地竞争,才能够不断地提升他们的服务,才能够不断地提升他们的发货速度,才能不断地降低他们的价格,最后能够让消费者得到最好的用户体验。

> 刘强东说,京东所有立足点就是强调用户体验。电商平台竞争,最终比拼的是用户体验。

中：这是一个很美好的愿望，但是你既是裁判员，又是运动员，你怎么能让那些你平台上的商家能够相信你一定是公正的，因为所有的流量是你导入的，广告是由你推送的？

刘：对于京东商城来讲，假如说没有利益的冲突，就不会存在不公正的问题，因为不管是京东商城自己卖的，还是卖家卖出的，京东商城赚的钱是一样的，没有区别的。就是你卖家卖的价格比我低了，你卖好了，因为你卖了之后我也收佣金。我收取佣金，跟我自己卖（比较），最后的利润是一样的。

打造物流帝国："亚洲一号"

品类快速扩充所带来的除了人气，还有隐忧。订单量激增考验着京东的物流体系，用户的投诉70%都指向快递延误。为此，刘强东萌生了一个庞大的仓储和物流建设计划，并付诸实践。从2009年下半年开始，京东将所融资金的70%全花在仓储和物流上。目前，京东正在华北、华东、华南、西南筹建四大覆盖全国各大城市的物流中心。此外，京东还正在上海嘉定筹建一个超大型的现代化仓库，这个仓库有"鸟巢"的8倍大。刘强东给他的物流帝国计划起了一个听上去很响亮的名字——"亚洲一号"。

中：京东整个物流体系的打造，"亚洲一号"的打造，目前情况怎么样？

刘：我们基本上今年（2012年）已经开工了三到四座。

中：开工了三到四座？

刘：对。两年之内，我们所有的"亚洲一号"项目，全国基本上都会建成。

中：基本上全国都可以建成？

刘：对。

中：这个物流系统建成以后，会达到一个什么样的用户体验？我不知道它在用户体验上会有什么直接的反映？

刘：我们目前整个的"211限日达"，包括我们的物流速度在行业内都已经成为很领先的一个地位了。我们更强调"亚洲一号"是一个服务产能的问题。老实说，速度已经很快了，也没有必要再快了，再快对于消费者已经没有什么价值了。我们"亚洲一号"项目是扩充我们的产能。我们现在的服务能力，非"亚洲一号"项目的服务能力，每天只有几万单，而我们"亚洲一号"项目，一个库房每天可以80万单，甚至100万单，也就是它的产能非常大。这是它最主要的价值。这样能保证我们在快速增长过程当中，我们的用户体验能够得到一致，而不是像现在，如果说"6.28促销"、年终促销订单一暴涨的情况下，我们的物流服务能力就有点跟不上。说白了，就跟工厂一样，产能得到了大幅的扩充。

把京东商城做成一个伟大的企业

贝索斯,电子商务"鼻祖"亚马逊网站的创始人,也是刘强东心目中的榜样。2004年,亚马逊用7500万美元收购陈年的卓越网,正式进军中国。近年来,这个世界级电商巨头在新兴市场频频发力,加快推进全球化布局。对于刘强东来说,在向榜样看齐的过程中,胸中又有着怎样的国际化战略?

中:亚马逊已经在很多新兴国家开仓,比如说在巴西、在印度,都在开仓,已经开始全球化的布局了。

刘:我理解。

中:然后在中国,它现在仓储的面积其实已经逼近京东了,对吧?

刘:是的。这个我现在也没法给你一个确定的回答,因为现在公司并没有非常明确的什么时候去哪个国家做什么(的计划),我只能告诉你,我们的标准是什么,也就是如果有一天,我们有能力在其他某个国家提供一个非常好的用户体验服务的话,我们就会立即进入。如果今天没有进去,那说明京东还没有能力在这些国家提供比别人更加好的用户体验。

中：进或者不进,是不是有一个可感知的标准?比如说华为进入了很多新兴的国家和市场,一般来说华为进去以后,它(先)是铺设电信底层的建筑,然后大概两三年之后,像联想这样的企业就会跟进,因为它去卖电脑。我不知道你们是不是有某种可感知的战略,比如说联想进入两三年以后,京东会跟进,还是怎么样?

刘：因为他们两家都是品牌商,我们是零售平台商,所以这种战略的选择路径肯定是不一样的。我们更多的是从我们的团队角度来思考问题。比如说如果有一天,我们能不能去印度?其实我们更会想,不是说我们想我们该不该去,可不可以去,更多的是想我们的团队有没有准备好,我们有没有这样的人。不管是自己派过去的,还是当地选拔出来的,有没有能力确保是最优秀的团队。如果有一天,我们觉得有这个能力的时候,那么我们就会进去,随时都可以进去。

中：那未来的京东在你的构想里是一个什么公司呢?它是一个贸易公司,还是一个物流公司,因为你现在做了很大的仓储物流的准备,或者还是一个 IT 公司?

刘：你看从哪个角度来看,你如果从物流的角度来讲,(京东)肯定就是一个很大的物流公司,每天可能吞吐比如说几十万吨的货物,把这个货物送到消费者的家里面去。但你要从这个外观层面来讲,从互联网层面来讲,它也是一个IT公司,或者是一个互联网公司。其实,我觉得像京东这个模式,你简单把它归结为哪类公司也比较难,但是把它归结为电子商务公司肯定错不了。

中：我们就说说电子商务公司。近期大家有一个疑惑,因为在去年(2011年)年底的时候,乐淘网的(CEO)毕胜曾经发表过一个叫做"电商骗局"的演讲。您当时在微博上还予以了回应,记得吗？您说希望大家同业者挺住,后天一定会到来,那个时候将是胜利的时刻。我不知道,您说这个后天的到来,是您看到了什么别样的图景,别人还没有看到,还是说只是一个单纯的信心的鼓舞？

刘：我觉得就是你的资源和你的坚韧的一颗心两种结合起来就可以了。首先,你的资源能够撑住到那一天。如果你的资源不够的话,你再有坚强的坚韧心,你也没有这种资源的支撑。我觉得乐淘是有资源的,因为背后有很多股东,他也拿了不少钱,也有钱,也有流量。我觉得他更多的是缺乏一种信心,所以我也希望能够(给他信心),对他算是一个鼓舞吧。

中：关于资本市场的事情,你觉得什么时候是上市的最佳时机？

刘：我们其实三四年前就说过,我们一直希望是在2013年之后去考虑这件事情,但并不代表是2013年上市。其实,我们每次的措词都非常准确,只是外界解读的时候,他不仔细去看你这句话的措词,然后就变成京东商城要在2013年上市,其实都不够准确。我一直说2013年之后我们才考虑上市。

中:2013年之后?

刘:对。

中:那你的这个战略的构想和野心是什么呢?能够表达出来吗?能够(以)让大家可感知的方式来表达出来吗?比如说未来京东会在中国一个什么位置?

刘:我们希望做成整个全球的电子商务行业里面用户体验最佳的一家公司。这是我们最大的野心,这个野心是非常可怕的。因为如果你要做到这一点的话,从财务指标来看的话,它导致的结果,销售额那一定是巨量的。你如果能做成一个(有)超级好的用户体验的电子商务公司,会有无数消费者选择你。今天中国光电子商务已经达到七千多亿的市场规模了,如果你要能在整个行业里成为用户体验最佳的话,早晚有一天,这里面大部分都是你一个人的,所以它是海量的市场。财务的指标只是我们质量追求的一个结局,我们从来不会把财务指标当做我们的追求目标,而用户体验是我们真正追求的目标。但是,它们是相辅相成的,用户体验你做到了,你的财务指标一定会非常好看。我们有这个信念,所以我们会持续地、不断地投资,坚定地走下去,永远不会改变。

中:最后一个问题想问您一下,您自己对自己的期许是什么？就是在未来中国的商业史上，你期望留下一个什么样的痕迹？

刘：我永远不希望我个人在整个中国所有的商业史上留下什么样的一笔之类的。在这个世界上，能称得上伟大的企业家的，我觉得能数的都不超过三个人。几千年人类社会历史上，能够成为伟大的企业家的，我相信都不超过三个人。但是，伟大的企业会有很多很多。所以，我更希望把京东商城做成一个伟大的企业，而我实在是微不足道，因为我只是数万名企业当中的一员而已。

2011年，中国的电子商务行业开始"入冬"。依靠资本推动的中国网络商业模式陷入困境，靠撰写神话来拉拢投资者的大门也紧紧关闭，逃出巨亏的魔咒成为电商们最头痛的谜题。

2012年，中国的电子商务竞争格局又因为两个"大家伙"的加入变得更加激烈。一个是天猫领衔的阿里系集团军，他们的销售总规模当年超过了万亿；另一个是以苏宁集团为强大后盾的苏宁易购，虽然还是电商新兵，但它已经成为仅次于京东的第三大B2C企业。作为之前在比赛中领跑的选手，京东面临斜刺里杀出的竞争者，能不能调整好呼吸、步调和心态，就成了夹击中制胜的关键。从这个角度说，决定京东未来命运的不是别人，正是刘强东自己。

> 刘强东说，必须要直面竞争，积极地应对竞争，争取在行业洗礼的过程中活下去，不被淘汰。

2013年3月30晚,京东商城正式将原来"360buy.com"的域名改成"jd.com",并且把官方名称"东东商城"缩减为"京东",公司的LOGO和吉祥物也更新成了一只名为"JOY"且品相很科幻的金属狗。

京东商城去掉"商城"二字,被认为是有意淡化自己的电商色彩,为公司将来在物流、金融业务上的拓展作铺垫,以使人们对其平台重新认知。

京东方面表示,此次全力打造新域名、新品牌,一方面是为了迎合用户要求,另一方面则希望进一步推升品牌影响力,并使品牌同不断拓展的业务相符合。

2012年1月,阿里巴巴旗下的淘宝商城正式更名为"天猫"。3月29日,天猫在其举行的年度盛典上公布了全新品牌标识和形象。一年零一天后,"JOY"诞生。虽然它没有被直接叫成"天狗",但"猫狗大战"的意味已经溢于言表。2012年,你还能看到京东"打苏宁指挥部"。从2013年开始,阿里系俨然已成为京东最大的对手。

苏宁易购

——插班生崛起

传统巨头搏命互联网

《中国经营者》：他们说张近东已经表示说，宁可把线下的店都关掉，也要把易购做起来。

转型高科技 却不想进入原始丛林

孙为民：大量的制假卖假、非税、漏税、水货充斥在这个市场上。

老选手遇到新问题 本本都是难念的经

孙为民：电商行业出现了一种极其奇特的现象，我不挣市场的钱，我可以挣投资者的钱。

《中国经营者》：你曾说过在网上开店，开店容易，但是运营成本非常非常高。

大船调头，老兵新任，旧部队如何打好新战役？

《中国经营者》：在苏宁易购的高管团队里头，外来的血液有多少百分比？

孙为民：那并不太多。

孙为民 苏宁云商集团股份有限公司副董事长。1998年进入苏宁,历任苏宁总经理助理、总裁、副董事长。

苏宁易购的母公司苏宁电器成立于1990年。2011年,苏宁全国共有连锁店1724家,营收近千亿,是中国最大的家电连锁企业。2010年,苏宁电器正式宣布开拓网络渠道,上线苏宁易购。比起2003年成立的淘宝、2004年起步的京东,苏宁易购算得上是个"插班生"。但是,就是这匹黑马,仅仅用两年的时间,就做到了年销售额达60亿的规模,成为仅次于天猫、京东的国内第三大B2C电商平台。

虽然苏宁目前收入已经近千亿,是国内第一大家电零售连锁企业,但对于互联网而言,它却是一个新兵。互联网基因缺乏,它如何突破原先的路径依赖?大船调头,孙为民如何看待线上线下左右手互博的问题?从3C到百货,易购规模虽小,但经营的品类已经远远超过了母公司,苏宁集团的资源和能力是否支持易购的高举高打?

线下实体店,线上易购,左右互搏?

《中国经营者》(以下简称"中"):苏宁一边是有实体店,一边是有易购这样的网店,这两者之间会实现左右手互搏,或者互相的一个竞争的关系吗?

孙为民(以下简称"孙"):在线上线下,只要价格上不一致,就一定会有竞争的问题。这个竞争的问题,对苏宁来讲,是司空见惯的事情。比如说(同一件商品)在我的店面里头,和在我同行的店面里头的价格,也不一定完全一样。在我不同地区的店面里头,也不一定一样。在同一个地区里头,不同的店面在不同的时期,价格也不一样。这种现象只不过不在网上同时呈现的时候,大家没有看出来而已。

中:我不知道苏宁有没有严格的规定,比如说地面店的所有人员不能够主动诱导顾客上网去,上苏宁易购去进行消费?因为这样就会把地面的资源直接倒到网上去了。

孙:我们是无所谓的,从企业来讲。

中:肉都烂在锅里嘛。

孙:但是,作为店面体系里头的人,肯定在某种意义上讲,不希望把他们店面的销售,给引到易购上去。因为他们还有一个个人的计件考核的问题。所以,这是他们每个店员的利益,有这方面的导向。从企业的决策层面来讲,并不一定会考虑到这个问题。

中:我想问一下,苏宁是一个零售的老兵了,为什么反而会在消费者的这种购物体验上面棋差一招呢?

孙:在我们网上开店的过程中间,不管是对我们这个熟悉的品类也好,还是不熟悉的品类也好,首先遇到的一个挑战,就是要把这个商品在网上按照消费者购物选择的习惯去呈现。

中:就是按照互联网网络的思维来想这个问题,而不能用传统的思维来想这个问题。

虽然孙为民认为"触网"并不会带来严重的"内耗",不过孙为民这个零售老革命还是遇到了许多新问题。根据中国电子商务研究中心发布的《2011年度中国电子商务用户体验与投诉监测报告》,用户对苏宁易购的投诉集中在线上用户体验问题,而对其他电商的投诉则主要集中在物流配送等问题上。

孙：对。我们现在在做网上的销售过程中间基本上遇到了两个方面的问题：第一个问题是，很多商品过去在实体店面里头不需要去做那么多的参数维护，因为在实体店面里头，有顾客和我们的营业员直接进行互动。有什么问题，现场就可以解决。而在这个网上，即使我有在线客服，他也响应不了那么多的顾客的诉求。所以说，在互联网上开店的规则，是跟我们在实体店面里头完全不一样的。

另外一个问题，比如说我们就以做图书为例来讲，我在网上做这个图书，实际上是全国各地消费者都能够看到的，但是在物理上，我的这个图书是不可能在所有的地方都设仓库的。

中：可能一本书就只有这几个仓库有。

孙：这时候就会出现什么样的问题呢？一个真正的目标消费者，和我的这个物理上的库的距离是不一样的。都说24小时送达，但是实际上这24小时送达，在不同距离里头所需要用的工具、方法都是不一样的。尤其是对企业自己的成本来讲，也完全是不同的。所以说，这个对于一个电商企业来讲，在做产品的销售过程中间，一定要结合全程的物流去规划，这个实际上是比我们在实体店面里头的销售复杂得多的。

中：按照传统上我们的理解，苏宁应该是在物流和供应链上最强的。那么你们在从传统跨入网上以后，发现这两者之间最大的不同在哪里？或者说你需要重新构架的东西是什么？

孙：其实作为苏宁来讲，我们做了二十多年，我们的物流体系，对于实体店面来讲是相对成熟的，就是基本上建立了两级的物流体系。一级物流体系，就是从我们后台的物流中心到消费者家里。

中：您说的是大件的物品，比如说有一个综合的中心，然后是其他的店面，像一个一个辐射点一样的，然后如果是大件的话，你就送到家里去。

孙：对，大件商品我们就直接到户。

中：是一种星状的（结构）？

孙：对。对于小件商品来讲，过去我们的运作方式就是自提。而现在在线上的销售，实际上不管大件小件，一律到户。这样一来的话，就要做一个全程的物流网络体系，从采购到调拨，然后再到到户的这个库存的检选，一直到最后的配送，要建立整个的物流体系。

中：这是下一阶段，或者是现在眼下的一个问题？

孙：对，现在我们就要大力地做这件事情。

全品类迅速扩张

从2010年起，苏宁强势推出了仓储物流升级计划，未来将建成六十个大型物流基地和十个自动化仓库。比仓储物流升级来得更猛烈的，是易购在产品品类上的迅猛扩张：上线两年的易购，已经有了包括图书、百货在内的 80 万种品类的商品。同样从零起步到杀入百货，竞争对手京东商城用了六年，当当则用了八年。

中：我们采访过很多电商，发现它们都是从一个杀手级的品类，也就是很窄的一个口开始做起的。当它们建立起和消费者之间的信任关系以后，再逐渐拓展它们的品类。但是，我发现易购好像是迅速扩展它的品类范围。为什么你们要这样选择，似乎和别人都不一样？

孙：其实对苏宁来讲，毕竟苏宁易购是在苏宁的这个体系下延伸出来的一个电商企业。对于苏宁易购来讲，就是我有这个能力同时去做很多的品类。

中：首先我得打断您。在 3C 家电方面您是最强的，您绝对有这个能力，而且您的物流配送体系足以支撑或者说大部分支撑。但是，到了图书百货这个领域，我觉得苏宁之前是没有经验的，苏宁易购也是从零做起。你有什么把握就认为自己比已经进入几年的电商强？

孙：我讲说我有能力做，就是说我作为投资者，苏宁作为投资者，是有这个能力来进行这样一个全品类平台的打造的。

中：您是说在经济上有能力？

孙：对。

中：这个底气肯定是有的，因为毕竟苏宁这么大，但是……

孙：你做了，能不能做得好，那是下一步的问题。首先第一个是我有这个能力来做，但是在做的过程中间才会不断地做好。这个不管是线上线下，每个企业都有这样一个过程。苏宁在搞线下连锁的过程中间，在早期的时候，一年开个七八个店，就已经搞得大家精疲力竭了。现在的话，动不动一年开三百个店、四百个店，大家说开五百个店也都是眼不眨，觉得这是很正常的事情。

中：我明白，也有电商不停地在进行边界的试错，就是品类的扩张，进行边界试错，但是有一个边界在哪里，怎么去控制风险的问题，这个问题我不知道你有没有什么深入的思考，就是这个边界的风险？

孙：其实，对苏宁易购边界的这个问题……

中：因为现在就有一家企业，在去年（2011年）年底的时候，就是因为品类不断地扩张，规模不断地扩大，导致它出现了一些风险上的问题。

孙：对它来讲，不是说它的品类扩张导致了它在经营上的一些问题。在品类的扩张过程中间，巨大的投入是平台建设，这个平台建设，最大最大的就是人力资源的建设。你只要建立一个品类,从上到下,你要有一摊子,哪怕一分钱业务不做,你也要把这个架子给搭起来。你搭起来以后,没有销售量,那怎么办?你有没有能力培育?它没有这个能力来去熬这个时间,所以赶紧把它砍掉了。

中:苏宁易购为什么不会出现类似的问题呢?

孙:实际上这就是企业的平台的能力不一样。

中:我理解这是一个信心呢,还是实力?

孙:不是说一个信心的问题。我就举一个最简单的例子来讲,今年(2012年)我们马上要给苏宁易购建立一个总部,你知道苏宁易购这个总部是一个什么样的平台吗?

中:不知道。

孙:现在苏宁易购的总部,我们规划大概是20万平方的建筑,最起码要投入10个亿以上。我想这可能是很多的电商企业连想都不敢想的一个事情。为什么我们能做到这样一个新的平台?就是因为现在我们已经有这样的一个能力来做这样的平台。

中:我明白您这句话背后的意思是,我有试错的这个本钱,我有试错的这个能力,即使小范围内犯了错,我也可以修正。

孙:我们有这个能力去培育它,我们有这样的资本的投入,可以培育我们的人员,让他不断地成熟,可以让他在这个行业里头不断地建立供应链,不断地去在行业里头建立自己的经验,提升在行业里的地位等等,我觉得这是一个过程。

"老人""新手"战电商

在苏宁易购的总部,无论是员工着装还是办公室环境,和传统零售母体苏宁集团几乎没有任何区别,甚至难以找到一个"苏宁易购"的大标识。苏宁易购的领军人物也是苏宁电器的"老人"——易购负责人李斌,曾是苏宁分管3C产品业务的营销副总裁,他在传统零售领域有扎实的基础,却完全是互联网"新手"。

中:所有我们刚才说的这些问题、这些难点,其实都可以反映到一个问题上,就是人。那对于人的问题,我也很好奇,就是苏宁易购为什么没有去找一个成熟的领军人物,电商领域成熟的领军人物,来管这一摊事,而是从传统零售里头的领军人物换来做这件事?你觉得这个思考是什么?

孙:苏宁的企业,不管是线上线下,从来没有靠一个个人来做企业的。我们始终是打造体系,打造团队,来成就一个品牌,成就一个事业,我想这是不管我们在线上线下一贯的风格。

中:我明白,但是相对来说,找个业内熟悉的人过来会不会能使你们这个犯错误的风险降低呢?

孙:苏宁在易购的拓展过程中间是一个开放的平台,苏宁电器也是一个开放的平台。我们对于外部人才的引进,从来都是一个开放的心态。

中:在苏宁易购的高管团队里头,外来的血液有多少百分比?

孙:那并不太多。

中:主要是由老人来做?

孙:对。

中:您觉得,这群管理者、高管层,他们的思维方式,他们这种底层的基因,本身和做成这个事,不是至关重要的,是这个逻辑吗?

孙:应该这么讲,就是说我们做苏宁易购,最高的管理者实际上更多的是要树企业的一个发展方向。对整个团队的带领,这个上头要起到一个非常重要的作用。并不是说这个人一定要成为一个电子商务方面的专家,才能去做这个电子商务。另外,我们也在像IBM一样建立全球的电子商务的共同体。在美国和在中国,我们要组建联合的一个电子商务的研究院,来打造这样一个平台。所以,在这个方面,人才上的投入,说不定我们要比国内的任何企业都多。

中:我可能关心的是一个决策的问题、反应速度的问题。就比如说现在苏宁易购面临这个竞争的电商,都是一些需要快速反应,随着市场瞬息万变,然后迅速作出反应的这样的一个团队。苏宁易购有很多层级,我听说好像一个很重要的新闻稿件,如果它要报批,审查可能会经过六到七级,如果最高的,要六到七级的水平,可能要花两天的时间,这个对于一个电商来说,它的反应速度是不是就相对迟缓了?

孙:其实在苏宁易购的这个经营的放权上,已经是可以给它很大的、充分的自主权了。

中:比如说什么量级的推广,由易购团队自己定?

孙:什么量级的推广,都是他们自己定。

中:都是他们自己定?

孙:你比如说一个新闻稿,可能会到我这个层面,大体上看一看,只是说我们在这里头给它定定心而已。

中:为什么我这么问呢,因为他们面对的这个竞争太激烈了,我想说,和创业者相比,我相信他们在决策上的自主权和自由度还是受到很多障碍,我不知道内部有没有人提议说,干脆就让易购独立出去算了?

孙:实际上我觉得现在自主运作本身就是我们的一个定位。现在根本不是说,我们非要哪一个层级的人去管着它,是根本没有能力、没有时间精力去管这件事情。但是,我们现在易购整体的团队非常年轻,从行业经验、从对企业的这个把握角度来讲,那肯定也需要老的一些团队来把把关。我觉得总体上现在是帮他们一下、扶植他们一下,充其量是这样的一个过程。

中:因为易购有特别大的资本的想象空间,我不知道如果放长远来看,易购有没有可能分拆上市这样的可能性?

孙:至少我们现在没有去考虑这个问题。在中国的资本市场上,苏宁易购就是苏宁。

中:我采访过很多电商老总,他们说张近东(现为苏宁云商集团董事长)已经下决心了,说他表示说,宁可把线下的店都关掉,也要把易购做起来。所以,他们觉得易购很可能分拆。您是张总身边最近的人,您是不是能够证实一下这个消息?

孙:我想,跟我们中国的电商行业内的企业比较起来,可以说没有任何一家企业在电商领域的投资力度决心会有我们这么大。但是,我们在实体方面的投入,比易购更大。实际上我们要把实体的苏宁打造成一个互联网公司,要把它变成互联网和物联网融合的一个公司。所以,在这个基础上我们再做苏宁易购,那是更加推动苏宁的科技转型。

苏宁再造

据孙为民介绍,苏宁计划于2020年之前在全国建成3500个零售店,其中1/10为自有物业的超级旗舰店,这些旗舰店除了传统的3C产品外,会大举进入百货零售领域。

中:您的意思是百货,还有包括其他的业态形式?

孙:现在非家电的经营不一定完全就是局限于在百货,我们认为,未来的这种购物中心一定是商品经营和服务经营同时并举的。

中:比如说酒店、院线。

孙:对,比如说这个影院、餐饮,包括理发的,或者是SPA等等这种东西,都可能成为未来的商业物业里头一个必须配置的辅助的东西。

中:它是一个城市生活中心的概念。

孙:对,逐渐要朝综合性的购物、休闲、娱乐这种形态去发展。

中:那么十年以后,我们该怎么去定义苏宁?

孙:从长远来讲,我们可以说,苏宁是给消费者提供全品类综合的、一站式的这种服务和服务的集成商,这是我们从未来来讲一种比较准确的定义。

中:好的,谢谢您。

这次采访过程中,孙为民告诉我们,现在电商行业疯狂烧钱、竞相杀价的乱象,让他想起了十几年前,线下家电连锁刚刚兴起时同样经历过的血雨腥风。他认为,在线下发生过的事情,未来都会在线上再发生一遍,只有经过几轮洗牌和博弈，格局才会慢慢形成。如果把竞争比做 4×100 米接力，那么比赛才刚刚热完身，好戏就要开始。

2013 年，苏宁加快了转型步伐。2 月 20 日晚，苏宁发布公告更名为"苏宁云商集团股份有限公司"。2 月 21 日，苏宁在南京举行了"2013 新模式、新组织、新形象"媒体通报会，正式公布了其"云商"零售模式：店商＋电商＋零售服务商。苏宁云商集团董事长张近东在接受《第一财经日报》记者采访时表示：经过多年的经营积累，苏宁已经构建了面向内部员工的管理云、面向供应商的供应云以及面向消费者的消费云，逐步推进"云服务"模式的全面市场化运作。在 21 日的发布会上，张近东对"云商模式"作了阐释："云商的核心是以云技术为基础，整合开放苏宁前台后台，融合开放苏宁线上线下，服务全产业、服务全客群。云商苏宁不同于店面的店商，也不同于网上的电商。云商苏宁既要做线上，也要做线下；既要做店商，也要做电商，还要做零售服务商。"

苏宁云商集团副总裁孟祥胜说，苏宁此次架构调整将形成线上线下两大开放平台、三大经营事业群、二十八个事业部。在管理层面，设立连锁开发、市场营销、服务物流、财务信息、行政人事五大管理总部，负责战略规划、标准制定、计划管控、资源协调；在经营层面，设立线上电子商务、线下连锁平台和商品经营三大经营总部，涵盖实体产品、内容产品、服务产品三大类二十八个事业部,形成"平台共享+垂直协同"的经营组合,支撑线上线下融合发展和全品类拓展。

在此次苏宁架构调整中,电子商务业务的地位得到了提升,达到与线下连锁平等的位置。苏宁云商集团副总裁孟祥胜说,除了涵盖实体商品、生活服务、云服务和金融服务四大类业务,电子商务经营总部将管理"物流事业部"。此番结构调整中,苏宁易购CEO李斌仍为苏宁电子商务经营总部的负责人,但其在集团中的位次得到提升,晋升为总裁助理,成为苏宁云商新增的6名总裁办高管之一。

在上述媒体通报会上,苏宁透露,未来3年将投资约220亿元人民币发展物流项目。李斌表示,到2015年,苏宁将完成12个小件的分拣仓和全国60个配送中心的自建物流。"在最后一公里上面,我们依托线下1700家门店,全部完成点的建设,我们离消费者越近,我们的服务会更加快速,相对成本也会减少。"

4月15日,在成都参会的张近东,把前来打招呼的新希望集团董事长刘永好晾在一边,对《成都商报》记者说:传统电商都是泡沫,是不可持续的。至于价格战,"当然还要打下去"。

凡客

——我是凡客，我会犯错

四年做到五十亿，突遭传言包围。裁员？巨亏？上市搁浅？

《中国经营者》：在网上流传的一个叫《三问陈年》的文章，你看过没有？

陈年：我看过，我当然看过。

巨额的广告，疯涨的销售，是互联网真实的需求，还是资本角逐的游戏？

陈年：我们知道中国电子商务遇到的质疑，最为聚焦的一个问题，就是这些品牌也好，平台也好，如何盈利？是不是仅仅烧钱，去资本市场上套现就走人，就结束？

陈年：凡客诚品今天如果还不思考如何健康盈利的问题，我觉得是说不过去的。

陈　年　2007年创办凡客诚品(北京)科技有限公司,并担任CEO。

2007年,以"无店铺经营"为特色的PPG曾创造了卖衬衫的神话。仅仅凭呼叫中心和互联网,迅速跻身国内衬衫市场前三甲。鼠标+水泥的轻公司模式成为业界美谈。然而,迅速成长的同时,伴随PPG的官司、纠纷也不断,对PPG服装质量、资金链的质疑此起彼伏,COO、CFO等高管又相继离职,业绩也严重下滑。2008年4月,上海某报纸干脆刊登了一整版"债务催收公告",责令PPG支付广告款165万余元。有意思的是,一家叫做凡客诚品的公司这时却出现在公众视线。从广告的表象上看,凡客诚品遵循的是与PPG一模一样的商业模式,而且卖的也是一模一样的东西,都是男式衬衫。凡客诚品在这个关键节点冲出来,无外乎有两种可能:一是追随一个已经失败的前人走上不归路;二是发现了PPG陷入困境的根本原因,并且找到了治病的良方。

凡客似乎找到了一条前途光明的路,开业后的九个月内就完成了三轮融资。第一轮融资是在2007年6月,当时正是PPG如日中天的时候,风投问凡客诚品CEO陈年最多的一个问题是,你如何能够追赶上PPG;第二轮融资时,大家说,做了这么一段时间,和PPG比,你可能的优势在哪里;2008年5月开始的第三轮融资,正赶上PPG资金链断裂的传闻甚嚣尘上之时,风投最关心的问题是,PPG已然这样了,你准备怎么办。

面对风投,陈年自有娴熟的应对方案:(1)用市场敏感度说服风投。对于风投来说,一个团队的市场敏感度是非常重要的。因此,需要不断向其阐述并举例说明你的市场敏感度是不错的。(2)用业绩说服风投。业绩是王道。业绩好,财务审计各方面都很严格、规范,实打实的东西摆在面前,风投想忽略都难。(3)用团队优势说服风投。企业经常会被问其核心竞争力到底在哪里,讨论来讨论去,最后你可能会发现,像剥洋葱一样剥开一个企业,你看到最里面的会是人。只有人,只有组织结构的变化,决定了一个企业之所以成为这个企业。有一个好团队,自然能在竞争中胜出,也自然能吸引风投的目光。

怎么做营销

酒香也怕巷子深,要想创出品牌,营销很重要。怎么样做才能既不烧钱又能有实效?陈年说,绝对不能在电视台投广告,这个太可怕了。一定要投的话,作为一个直销品牌,作为一个网上品牌,需要有巧妙的方法,不能跟传统的做法一样。同传统广告投放方式相比,陈年更倾向于网络联盟,让凡客诚品的广告迅速出现在大大小小的网站上,并通过跟踪实际业绩,支付合理的广告费用,节约营销开支。

陈年说,在网络媒体这一块,凡客采取的是渗透的策略,就是说争取在那些你愿意看一眼的地方都能看到它,但是不见得是所有的地方都有。同时,凡客提供了非常好的分成的政策。他认为,更多的是网络用户或者说这些网络联盟的个人推广者,让凡客无处不在。比如很多博客都在写凡客。他认为应该善待这股力量。网络联盟取得初步成效后,凡客诚品坚定了自己的电子商务模式。

经过网络联盟,不愿以传统广告模式布局的凡客在2010年也投放了户外广告,并带动了"凡客体"的流行。花几千万去做这样的广告原是陈年可承受的一种试错,因此对于一夕爆红并没有准备,认为这纯属偶然。按照他的说法,他每天坐在车上,看到满大街都是H&M,广告上价钱就写在旁边。他觉得凡客也能这样做。恰好那时凡客在跟韩寒、王珞丹谈代言的事,然后平面广告文案自然而然就出来了。尝到甜头的凡客后来又陆续跟黄晓明、李宇春签约。

VANCL 凡客诚品

爱网络,爱自由,爱晚起,
爱夜间大排档,爱赛车,
也爱29块的T-SHIRT,
我不是什么旗手,
不是谁的代言,我是韩寒,
我只代表我自己。
我和你一样,
我是凡客

圆领印花短袖T恤
RMB 29

www.vancl.com
400-616-8888

2010年,凡客请韩寒、王珞丹代言,其设计的平面广告以80后的个性、调侃口吻,发表个性宣言,推广凡客的T恤。出乎意料的是,广告引爆了"凡客体"网络热潮,两千多张"凡客体"图片在网上传播,上千位明星或被恶搞或被追捧。

VANCL 凡客诚品
黄晓明
没错，
我不是演技派。
Not at all.
我是凡客
www.vancl.com 400-616-8888

VANCL 凡客诚品
李宇春
生于1984
我们是凡客
www.vancl.com 400-600-6888

打造品牌,让凡客跑得快

做品牌还是做平台,是两种商业运作思路。一个品牌,其背后体现的是一种价值认同,有一些精神层面的东西在里面。陈年认为,平台最大的缺陷是用户的忠诚度低,而且毛利率低。你卖这个东西,别人也卖这个东西,同质化竞争的结果就是价格战,无休止的价格战。

陈年说,相较于一种模式的探讨,他更关心的是到底要把凡客做成什么。凡客是一个服装品牌、一个网上卖服装的平台,还是一种生活观念的提供者,或者说生活方式的改变者?如果说它是一个单纯的服装品牌,那么到底它是Ralph Lauren、GAP还是ZARA?要不要开店?如果是一个平台,是不是要卖别的品牌?在他眼里,凡客应该是一种生活方式的提供者。凡客应当提供衬衫、T恤、裤子、内裤、袜子、领带等服饰方面所有的东西。除此之外,凡客还应涉足家纺领域。

做大做快,从做标准化的产品到"快时尚",而且是"平民快时尚",凡客驶上了"高速公路",并开大马力疾驰。然而,从原先只卖标准男装、品类不到50个,到销售上万种衣帽鞋袜的时尚产品,无论设计、生产,还是库存、物流,凡客的整个系统都面临巨大的挑战。

对于快速扩张，凡客内部的意见并不统一。在席卷全球的经济危机的阴影下，持保守观点的人不在少数，大家都想平稳，对凡客的期待是已经成长得很好了，千万别出错。对于不同意见，陈年的处理方式是"不争论"，你说你的我做我的。那么，陈年捕捉到战机了吗？

"大跃进"式的疯狂

一切来得太快，也去得太快。2007年，陈年和他的风险投资人按照当时火爆一时的PPG模式，给凡客定下了三个关键词：自有品牌、标准化男装、网络营销。开张第一天，凡客只卖出了10件衬衫。2010年9月接受《中国经营者》访问时，陈年说，2009年和2008年相比，凡客大概成长了150%。2010年和2009年相比，同期来看，凡客的成长肯定超过了200%。当年，凡客的业绩确实喜人，销售额从2009年的4亿多猛增到超过18亿。这导致陈年以过于乐观的态度判断2011年的形势。2011年3月，陈年公开喊出了全年销售额达到100亿的奋斗目标，这意味着凡客接下来平均每天要卖5倍于同期的商品。

心有多大，舞台就有多大。这种豪言壮语有时只能用来提神醒脑，不能拿来动刀动枪的。2011年，盲目乐观的陈年带领盲目乐观的凡客走上了一条迷失方向的路。无限制地招人,无限制地增加品类,调高业绩目标,开新仓……凡客似乎处在失控的发展轨道上。随着公司开始裁员,陷入巨亏、库存激增、资金周转困难的传言开始流传,还有高管离职等信息被曝光,凡客奔跑的脚步才算慢了下来。

然而,凡客在此过程中付出的代价是惨痛的。大量的积压库存报损、被销毁或低价出售,外界猜测金额可能会以亿计。同时,由于品类过度扩张,凡客服装品牌的定位逐渐在用户心目中模糊,质量管理失控,更使凡客品牌形象受损。

"自我膨胀是最可怕的。"陈年说。

与此同时,在过去的两年中,中国的电商经历了从酷夏到严冬的转变。2010年电商圈歌舞升平:麦考林上市,年末当当IPO,淘宝商城拆分,团购网"千团大战"甚嚣尘上,整个电商行业这一年融资额达到10亿美元。但短短几个月后,情况急转直下:海外中概股遭遇信任危机,上市窗口几乎关闭,资本对电商的热情降至冰点,各种"寒冬论"狼烟四起。

2011年凡客陷入了困境,在年底的凡客盛典上,陈年当众反思了自己2011年的部分决策。

《中国经营者》(以下简称"中"):您所提到的部分决策,伤害了公司的激情和上进心,是指的哪部分决策?

陈年(以下简称"陈"):最主要的就是去年(2011年)我

们的头脑发热,就是觉得好像我们会有无限的成长空间。因为2010年凡客和2009年去比的话,我们已经实现了300%的成长。2011年我们在看1月份的数据的时候,和2010年同期去比,我们增长接近500%。也就是说,差不多是2010年的这个1月份的6倍。所以,其实我们也是站在数据上说话的,说6倍,那我们做到100亿,应该不是很难的一件事情。

中:是不是外部的这个环境,也让你们作出一个特别积极的判断?

陈: 外部的环境,在我12年做电子商务的过程里面,2010年的下半年到2011年的上半年是最热的一年。包括投资者,还有整个媒体的欢呼,觉得好像中国电子商务的春天,甚至可能说夏天要来了。所以说,这也是一个因素。

中:当你意识到这个节奏踏错的时候,你发现了一个什么现象,让你猛然惊醒了?

陈: 我发现,我们公司当时在六七月份的时候,已经有12000人了。

中:你是通过你们的人数(来发现的)?

陈: 对,首先是通过我们的人数,其次是,我发现在楼下走的时候,经常在上班时间能碰见我们的员工,这个让我很害怕。你要说这个是产品部门的人还说得过去,但有很多可能是市场部门的、技术部门的,她们要逛商场,那这个就是很可怕的一个事情了。

中：说明人员特别多？

陈：这说明膨胀了，说明岗位的职责可能不太清晰了。所以，这时候我就问大家，你部门到底需要多少人，你能够回答我吗？其实很多人回答不了。那这个问题就更严肃了。而我在街上可能看到的只是一个现象。

中：但是，据我所知，管理上一切是要数据说话的，你有没有看到什么很严酷的数据已经呈现出来了？

陈：有啊，比如说有些产品最初吹牛的时候，说我今年要卖多少多少，但是真正进来，其实卖不动。比如说支架脚，比如说电饭锅、手电筒，数字一拿出来，你就很害怕。

中：这个数字有多严重？怎么会让你都警惕呢？

陈：严重到它根本就没怎么卖。另外，我们会看到，明明应该是进雨伞的季节、卖雨伞的季节，却没有货。但是，这个计划是有的，结果过了，比如说过了六七月了，突然进来一批雨伞。那就是说，这个管理上失控了。

中：网上有流传说，当时库存已经达到了十几亿这样一个规模？

陈：嗯。

中：我不知道在网上流传的一个叫《三问陈年》的文章，你看过没有？

陈：我看过，我当然看过。

2011年8月，陈年把高管们带到大连开了几天闭门会议，对之前的膨胀做了深刻的反思。之后凡客的内部体系和结构发生了根本的变化——成立数据中心，并调整了事业部的结构，同时开始启动"末位淘汰"大裁员。不久，一篇名为《凡客被裁员工三问陈年》的文章开始在网上流传。

中：听说您还很有触动？

陈：说到这个触动最深的，就是我前面和你讲的，我们那时候看到员工肯定是有冗余的，而且公司的管理肯定是有膨胀的，所以我们希望能够做一次这个末位淘汰。

中：就是5%？

陈：对，5%的末尾淘汰。这个末尾淘汰的事情，我事后所知，让我还是很吃惊的，因为很多所谓的末尾淘汰，就是人家来的时间越短，就让他走得越快。人家才来了一个礼拜，他怎么就做得不好了呢？末尾淘汰怎么就应该轮到他呢？这是错的，如果最后这5%里面有50%都是新加入的同事，你当初邀请他来加入凡客的时候，你是怎么想的？所以，这个事情当然给我触动非常深。

中：经过这一次的阵痛以后，对于这个速度和风险之间的关系如何去把握、拿捏，你有什么新的感触？

陈：首先要控制风险。

中：首先要控制风险？

陈：风险应该放在前面，速度应该放在第二位。因为过去你开一辆小车的时候，其实它的风险系数很低，除非你喝醉了。如果开一辆大车，在你开的过程里面，这个车在你不知不觉中变得越来越大，它的惯性也大，这个危险系数肯定也大了，肯定跟当初每个人好不容易有了一辆小车，大家细心呵护的时候是完全不一样的，有不同的压力和思考。

转攻为守，深耕用户，实现品牌溢价

凡客广告中的这句"挺住，意味着一切"，是陈年亲自拍板选定的，凡客并不是他第一次创业。2000年，陈年与另一位互联网大佬雷军一起，创办了卓越网。卓越网是典型的平台模式，只整合销售供应商产品，不做自己的品牌。四年之后，卓越网卖给了亚马逊，成为今天的亚马逊中国。正是这次创业经历让陈年意识到，平台模式有它天生的缺陷。

陈：平台最大的缺陷是用户的忠诚度低，而且毛利率低。因为你卖这个东西，别人也卖这个东西，这时候只有一条路可走，就是价格战。品牌不是，你要赋予这个品牌理念，你要赋予一些精神层面的东西，尤其是价值认同。

中：你以后要深耕这个市场，你想把这个价格、做的这个层次拉开的时候，会不会遇到问题？比如说我是一个高端的客户，我想在这里花580元买一件衬衫，但是我会想到，我如果上面有一个VANCL的品牌，打在我胸前的时候，人家会不会误以为，这是一个68块钱的东西呢？

陈：我把用户分为两个人群。我觉得一个人群是讲究性价比，还有一个人群是讲究虚荣心。我们试图在这个中间找到一个中间的点，但其实是很困难的。因为讲究虚荣

2007年，凡客上线，陈年开始了自建互联网品牌的探索。凡客一面请韩寒、黄晓明等大牌明星做代言，一面凭借29元T恤、69元衬衫等明星品类产品的热销，成功营造了"人民时尚"的品牌形象。然而，中低价位的品牌形象能否实现陈年对于品牌溢价的期待？凡客9万多种单品又如何统一在一个品牌之下？这都是公众对于陈年的好奇。

心的这个人群,他就是奢侈品的消费者。我们能够看到,在过去 20 年里面,欧美社会,包括日本,对品牌的态度有一个变化的过程。就是说 ZARA 也好,H&M 也好,日本的优衣库也好,都是平价款时尚的胜利。在这一点上,是凡客诚品往前走的一个很重要的依据。

中:我一点都不怀疑品牌形象上这样一个正向的形象。但是,因为你品牌本身的定位,给大家留下的印象在那儿,是不是会有一定的难度?

陈:至少我们今天还没有面对这个问题,因为比如说 T 恤这件事情,它也是一个很极端的例子,因为像 T 恤这样的产品,我们的确是负毛利地在进行销售,就是说它是凡客,已经成了凡客诚品品牌宣传的一部分。我们在 T 恤上,图案也好,文字也好,其实更多地传达的是凡客诚品的品牌主张,而不仅仅是一个产品。我们是这样去看待 T 恤的,把 T 恤当做品牌传播的一部分去理解。至于其他的产品,你在这个展厅里面看到的其他的产品,认真地说,毛利率还可以,是我们能够承受的,而且很好,可能好得出乎你的意料。

中:优衣库它现在做到 100 亿美金的这个规模,体量非常大,但是它的这个品牌,不仅聚焦于服装,而且只聚焦于服装中间的几个明星的品类。为什么它能做到,但是我们做不到?

陈:不是我们做不到,是我们有一个快速成长的机会。

> 然而,与优衣库、ZARA 等国外平民时尚品牌不同的是,凡客在短短四年的迅猛成长中,不仅卖衣衫鞋帽,还卖箱包、床单、化妆品甚至小家电。这些在传统品牌商看来完全不相干的产品,都被打上了"凡客"的标签。

优衣库做了三十多年,在全球有几千家店,它这个店面的面积,决定了它只能做有限的品牌。但是,凡客的运气好在哪里?凡客一上来做的就是互联网,互联网上你有更多试错的机会,没有物理空间的限制,我觉得在这一点上是应该感谢互联网的。

中:是不是只要用户的量级够,然后有这个需求,就可以进行品类的扩张?

陈:这也得有一个度。2011年我们最大的教训,就是我们认为扩张是没有局限的,是没有限制的。所以,今天我们也在想,这里面的度到底是什么样的?就是达到一个什么样的量级,比如说一个产品到底达到什么样的起订量,就可以在凡客上面销售?其实,我们也在建立数学模型进行研究。

中:这是一个特别复杂的工作。

陈:这个工作,我们今天有时候觉得说像是在建一个数学公司。但这也是我非常乐意看到的一个结果。我说,如果有一天,凡客诚品变成了一个数学公司,那我很高兴,因为终于不用人来拍脑袋决定了。

资本游戏

2011年年底,网上疯狂流传着一个视频。卖鞋的乐淘网CEO毕胜在中欧的论坛上说,中国电商是资本堆积出来的泡沫,是个整体不挣钱的行当。很多人认为,毕胜是那个戳破皇帝新衣的小男孩。对此,在电商行业浸淫了12年的陈年是如何看的?

陈:我们知道中国电子商务遇到的质疑,最为聚焦的一个问题,就是这些品牌也好,平台也好,如何盈利?是不是仅仅烧钱,去资本市场上套现就走人,就结束?对我来说,凡客诚品是我需要用很多年去经营的一个品牌。如果说大家需要凡客诚品回答盈利的问题,那我们会承诺做到这一点。这样的话,对于中国电子商务也好,对于网络品牌也好,其实都是一个非常正面的声音或者说力量。因为大家现在的确很困惑,但是我自己很清楚,因为凡客诚品回答这个问题,并不困难。

中:我们都知道,去年(2011年)你宣布有一个豪华的融资团队给你们投了巨额的资本。我不知道你是不是基于这样的一个判断,就是现在大家都说,所有的电商正在经历寒冬,你这个钱拿着,你是打算说慢慢来,然后熬过冬天,还是你决定要发力呢?

陈:不是,凡客诚品今天仍旧是互联网上投放量非常大的一个品牌,应该说还是第一,这说明凡客诚品没有熬,凡客诚品还在攻。但是,与此同时,我们自己内部要练好内功,这是应该的。这不是一个熬不熬的问题,而是一个这时

2007年10月凡客创立伊始,便得到了联创策源、IDG的200万美元投资。截至2011年年底,凡客已经融资六轮共计4.2亿美元。因此,凡客需要面对的不仅是媒体的质疑,更重要的是,要给投资者一份满意的答卷。凡客能否顺利实现盈利?陈年的信心又来自哪里?

候你站到这么一个位置你应该思考的问题。凡客诚品今天一天要卖几十万件产品,有上千万的收入,这个时候如果还不思考凡客诚品如何健康盈利的问题,我觉得是说不过去的。当然,我也可以更加直接地回答你这个问题。凡客诚品从竞争的角度来说,已经到了一个非常安全的位置。试图学习凡客诚品的模式,对团队的要求,对资金的要求,我觉得这个账很难算。如果从资本市场的角度去思考的话,这可能是一个更加赤裸裸的答案,就没有人再投钱做凡客诚品类似的事情了,因为需要投的钱太多了。

中:明白了,所以说上市变成大家很关心的一个问题。不知道凡客诚品有没有上市的计划?因为我知道2011年年底的时候,你去见了索罗斯,你肯定会跟他聊有关未来的经济局势,什么时候上市是一个好的时间窗口。我不知道他是怎么回答你的?

陈:索罗斯只看大势,他不看个股。这是作为一个资本的玩家他一个真的大的智慧。但是,我是一个个股,我更加关心的是我的经营的基本面。凡客诚品已经吸纳了四亿美金的投资,这意味着我们要给投资者一个满意的答卷,给我的同事一个答卷,我们的确应该慎重又慎重地思考,我们什么时间点上市是我们更合适的选择。

中:有答案了吗?

陈:没有。因为资本市场的确非常不好,这个不是需要我来说的,也不是需要索罗斯来说的,是大家每天从资本市场都能看到的,它的动荡不安,大家的困惑和忧虑。

中:也就是一样的原因,你融了一笔资,那未来这个市场什么时候向好,你必须要有一个判断吧。

陈:我觉得,大家一定要记得,凡客诚品的每一次融资,都不是资本的狂热导致的,而是凡客诚品的用户和产品作为前提,是那个报表让投资者给凡客诚品投资的。不是我能说,也不是资本市场热。当然,热有原因,我能表达清楚,也是一个原因。但是,最重要的是投资者要看到你真实的报表。

中:对你的预期?

陈:对。你刚才说到熬多久,熬多久其实更多的可能对一些公司是成立的。比如说仅仅讲了一个概念,盈利的模式还不清晰,甚至没有收入,对这些公司来说,我觉得你刚才提的那个问题非常严峻。对于凡客来说,这个问题有它的严肃性在,但是,不是关键的因素。因为我们已经走通了我们的销售,走通了我们的模式,我们已经有80%以上的二次购买在支撑。所以,你说的这个问题,对我来说不是第一位的。

中:第一位的问题是什么?

陈:第一位的问题是我前面提到的,我们的品质,我们的增长,我们如何控制风险。

陈年说,凡客在做一个互联网品牌实验。因为此前从来没有一个实体品牌可以覆盖从服装、箱包、化妆品、小家电到锅碗瓢盆等等如此宽广的领域,没有物理边界的互联网给了凡客一个"无边际"试错的机会,而陈年要控制的是试错的成本和代价。从这个角度说,凡客当下暴露的问题和所做的反思,对整个电子商务行业都有积极的意义。

当当

——走着瞧

投行做得不好,可不可以换掉它或者停下来?
李国庆:说着很容易,好像我们老有这个决定权,(我们可以说)我们不上了。其实这就是"绑架"。他们(投行)就是看透了企业的这些软肋。

一个熟悉西方资本市场游戏规则,一个深谙中国市场竞争之道,上市前的夫妻档,上市后谁说了算?
李国庆:有时候我们老是激烈分歧、严重分歧,我急了我就说,俞渝,我说你别以为你真是联合总裁,你实际就是副总裁。

"网络第一书店"变身"最大百货商城",机会多、品类多,可是多也有多的烦恼
俞渝:事情有的时候是用试错原理做出来的,就是你同时试十个事情,最后有两个成功,其他八个不成功,我觉得这个是很自然的。

敢烧钱,忙扩张,低价竞争何处是尽头?
《中国经营者》:你觉得当当提供的价值是什么?
一个电子商务"老革命",面对新形势,如何炼就金刚不坏之身?
俞渝:这三条(更低价格、更多选择和更多的方便)做了九年,还会再做九十年。

李国庆　当当网创始人、CEO。

俞　渝　当当网创始人、董事长。

李国庆：资本要博弈

2010年是中国公司集中冲刺华尔街的一年，共有39家中国公司到美国市场IPO。其中，当当网的表现格外抢眼，以高达87%的首日涨幅位列2010年全美上市新股第三名。然而，当当网的CEO李国庆却并不高兴，上市不到40天，他就在微博上开骂了。

李国庆 vs. 大摩女

2011年1月16日，当当网创始人李国庆发出了一条微博：

> 摇滚歌词，虚构：为做俺们生意，你们Y给出估值10—60亿，一到香港写招股书，总看韩朝开火，只写7,8亿，别TMD演戏。我大发了脾气。老婆享受辉煌路演，忘了你们为啥窃窃私喜。王八蛋们明知次日开盘就会20亿；还定价16，也就11亿。次日开盘，CFO被股价吓的尿急……

在该条微博里，李国庆用自编的摇滚歌词，表达了他对协助当当上市的投行——摩根士丹利的愤怒，认为当当上市价格被严重低估。微博一出,立即引来两位自称是大摩员工的女网友的强烈反击。这场被称为"很黄很暴力"的"微博论战"被媒体热炒,中国赴美上市公司与国际投行间的矛盾,也以这种特殊的方式浮出水面。

《中国经营者》(以下简称"中"):可以说,您的微博是第一次把中国赴美 IPO 公司与美国投行之间的矛盾摆在了桌面上。从我们今天专访的这个角度来看,到底你和投行之间发生了什么?

李国庆(以下简称"李"):投行跟企业在上市的过程中是经常有矛盾的,这个矛盾经常爆发。真的有公司上市时,投行跳出来说,我先给你一个很好的定价,结果半路说我卖不出去,基金不接受,就得降价,气得这个公司的 CEO 都要哭。还有的公司最后路演完在讨论定价的时候,这个要上市的公司的 CEO 都动了手,把投行都抽了大嘴巴。真的是充满矛盾。但是,就像你所说的,当当网和我是第一个把这个矛盾公开化了。他们(投行)没有推动定价上涨,这是我们对他们最大的不满意。

投行那些事

对于这次"微博事件",有人指责李国庆"过河拆桥",也有人称赞他敢说真话,是"公开挑战投行第一人"。而微博论战的背后,是中国赴美上市企业与投行的利益博弈。

在中国企业赴美上市过程中,投行扮演了"中介"的角色,他们负责协助企业向全球最主要的基金推销股票、协商价格、促成交易,再按融资额抽取佣金。如果企业股票定价过高,基金不愿认购,那么企业上市失败,投行将一无所获;如果企业股票定价偏低,基金可以在二级市场获利,而企业将蒙受损失。因此,定价就成为上市的关键环节。而李国庆最不满的,恰恰就是这个环节,他认为当当16美金的IPO价格被严重低估了。

中:像大摩他们在做当当IPO的过程中,他们主要的收入来源是什么?

李:来自我们融资额的手续费,(如果)要融来2亿美金,那他们就拿2亿的7%。如果估值高,能拿3亿美金,他们就拿3亿美金的7%。手续费是他们的收入。

中:那么我们就觉得有些奇怪了,如果是从总的融资比例里面抽取7%的话,那从投行而言,他们当然希望公司估值越高越好了。

李:对,融资额越大,他们的手续费越多,是这样。

中:那他们为什么要压低你的价格?

李:企业上市跟投行就是"一夜情"。而投行跟基金是长期关系,而且特别是投行(如果)上次卖的一个股破发了,让人家基金赔了,这次你就得想办法让基金挣啊。你老让人家基金赔,人家以后就不找你了。所以,在这个博弈的过程中,它的立足点是双料的,就是它又卖房子,又参与定价,这事就复杂了。

中:对于这样的一个状况,您原先知道吗?或者有这样的一个认识吗?

李:我知道,上市前我们也请教了一些已经刚上完市的CEO,他们提醒了我们这一点,我们知道。

中:那知道以后做了哪些准备呢?

李:准备不足,Peggy(俞渝,当当网执行董事长)昨天答记者问,就讲轻信了投行。就是说这个事特复杂,就是你知道了,你不见得能做得到,比如说到底估值工具(怎么样),很复杂,一个企业的估值可以写一本书,可以有一百多种方法估计。大家都相信投行更专业,但如果它屁股决定脑袋,它利益都做歪了,它怎么可能专业?更可笑的是这个程序。我的CFO和我的执行董事长我的夫人俞渝在路演,见基金,使劲讲当当的未来,但是并不跟基金直接见面,15块你买多少股,16块你买多少股,14块你买多少股,不知道的。这都是投行的销售团队事后跟基金对话,对完告诉我们实际情况。

中:这个信息是不对称的。

当当网上市当天,俞渝在接受CNBC采访被问及是否对IPO价格感到失望时称:"我一生只会做一次IPO,对于价格定高了还是定低了,我缺乏参照系统,我真的把自己交到投行的手里。再过一年,我像学习中国消费者市场一样来学习股票上市这件事,也许我可以给你更好的答案。"

李:不对称。它告诉你,你要定 15 块,好基金就不买了,Who knows(谁知道呢)。(信息)是不对称的,我觉得它(投行)占有的信息非常多。所以,在这个时候,(即使)你知道了你也斗不过。

中:因为你感觉你是处在弱势?

李:是的。

中:那你们跟大摩之间,包括跟瑞信之间,你们这个股票的承销是包销吗?是由他们买了你们的股票,他们再去卖?

李:不是包销,它也是找基金推销。

中:是什么样的一种模式?是分销?

李:是分销。而且特别有意思的是,我们为什么找两家投行呢?就想让他们PK,你每人手里有基金,你说15块,我这家投行就跳出来说,我17块都有人买,本来是想让他们PK的。

中:有作用吗?

李:没作用。因为这个投行就这么几家,全世界知名的就五家,都到我们这儿PK过,都想做这单生意。找这两家,我希望他们两家打,倒是有一家还相对好一点,每次我们想涨价的时候,都坚决站在支持(我们的一边),但是他们并不更涨价。到最后定价的晚上,在那个定价会上,我就注意到,他们还相互察言观色,凑巧这两个投行的这两个人,原来大学就是同学。你说……

中：他们都是一个圈子里的。

李：人家在一个圈子里，圈子，中国讲关系，他们也讲关系。

中：你认为大摩做得不好的话，你为什么不换掉它？为什么不停下来呢？

李：我没有做。说着很容易，好像我们老有这个决定权，（我们可以说）我们不上了。但是，我提醒大家，其实这就是"绑架"，你一旦上了路演的路，上了路演，你想中途停止，对你这个企业的商誉损失也很大。你看你停止了，你说我过一年过半年再上，然后在整个投行圈里面，这两家没挣到钱的投行绝对要说你坏话。说不是估值低，是他们的企业烂，我卖不出去。到那时候就不是说12块钱没有卖出去，它也可能说8块都卖不出去呢。

中：如果炒了它，你以后就不可能上市了？

李：就像学生把老师辞了，这个学生还好当吗？真用那权力的话，不光是商誉，企业也将要付出很高昂的代价。你的会计师事务所的费用你要付，律师事务所的费用，那是固定费用，那些费用不是小数，而且这些审计意见，过了半年你再上，就必须重来。你想想，供应商会怎么想，你的员工会怎么想，所以很难。

中：这些都是你的顾虑？

李：对，(也是)所有企业的顾虑。他们(投行)就看透了企业的这些软肋。

中：难道说真的是前面的路，除了用这种走的方式以外，就没有其他的方式可以走下去了吗？

李：对。我没有选择中途停止，是因为在真的这么多中国公司上市里面，我们是被欺负最小的。

中：说明您的议价能力还是比较高的？

李：有俞渝，因为有俞渝。我举百度的例子，百度上市定价是8亿美金市值，结果一开盘40亿美金，涨了5倍，都不是80%的问题了。是这样，我们的议价能力还最强。所以我想说，我没有选择停止，我选择了上(市)，是对的。但是，事后我要表达不满，我要让做得不专业、做得没水平的投行丢掉商誉，这是我另外的选择。我想回来通过论坛，通过讲演，告诉那些想上市的企业家，今后怎么去跟投行斗争。这是我愿意分享的，义务分享的。

估值如何才能不被低估

2010年12月8日，当当网在纽交所上市。当天，当当网股价以24.5美元高开，收盘大涨87%。但股票的大涨却点燃了李国庆的怒火，他认为当当16美金的IPO价格被严重低估，而当当的主承销商——瑞士信贷和摩根士丹利理应对此负责，他甚至在微博里声称，投行定价负责人应该引咎辞职。

中：你觉得在争取发行价的话语权方面，尤其是中国企业，到美国去上市，如何能摆脱股票价格被低估的宿命？

李：我还确有想法，通过这次，我是靠事后，交了这个学费（得出的）。我觉得（第一）不要迷信，说有一个能震得住华尔街的CFO，我觉得这不是一个人的力量，而且CFO他有他的考评。如果上市中间没上了，那CFO就交不了差。所以，好的CFO很重要，但是不能迷信一个人。我倒建议，除了请投行，再在国内找个已经有成熟的做投行（经验的）咨询机构，再让他们跟着路演，扮演一个角色，就是兼职CFO、CFO的顾问。第二，我想跟投行签的协议，我的CFO（一看）说没这事，全世界也没这么签的。我本来想跟投行签成这样的协议，就是如果10亿估值，你的手续费是多少，10到15亿，你的手续费再给你涨一点，15到20亿，又给你涨一点。我本来想，这个宝洁对我们不就是（这样）吗？每年销售越高不就返点越高吗？我本来想添成进阶式的手续费，那它不就更有动力给我们涨价吗？

中：那你给它返点的这个区间的下限和上限是什么？

李：我的CFO说没有这么跟投行签协议的，但我看以后可以推行这种方法。

中:假设一下,如果当当有第二次上市的机会,如果你来给他们定的话,这个点会是5%,会是7%吗?

李:如果达到了我的最低期望值,我连7%都不给你。

中:你给多少?

李:我觉得就值3%。

中:就只有3%?

李:Facebook不就是这样嘛,就给3%。中国这么多公司上市,谁说就老该是7%呢?比如说每高一个进阶,就多给一个点,比如说10到15亿,估值如果成功了,可能给到4%,给到5%,(采取)这种奖励式的递进。

中:那如果反过来,再看一看我们自己,尤其是看中国的这些企业,有哪些问题是需要根本解决的,才能解决这个估值被低估的问题?

李:这个话题就更大了。如果要根本解决,那就是中国得有自己一流的投行。你老用外国投行,那是不一样的。第二个我觉得,有人说投行是天下乌鸦一般黑。那好,我觉得(应该)发育中国自己的市场。中国买卖上有一句话,叫"货到地头死",是吧。你说你把货发到人家店里去了,你就麻烦了,你就追款吧。你非要到西方资本市场去上市,懵懵懂懂,有多少公司的CEO做过华尔街啊?所以,我觉得(要思考)中国自己的证券市场怎么(做才能)更健康、更成熟。

为"微博事件"道歉

尽管李国庆认为,自己是为中国赴美企业"被投行欺负"而"仗义执言",但很多人还是不赞同他这种做法。甚至有人把微博事件后当当在纽交所股价暴跌8.3%也归咎于李国庆的"大嘴巴"。

中:你把想说的也说了,把想写的也写了,自己是很痛快。但是,你毕竟是当当一家上市公司的CEO、掌门人,你觉得你这样说或者你这样的举动,让你的员工,或者让其他的人怎么来看当当作为一家公司的形象呢?

李:好问题。比如有的股东,在买股票交易的股东,就认为你这么说话,会不会影响我们的股价?但是,我不能为每一个股东、每一个员工去活着,那我活着也太累了。不能这么要求一个CEO啊,到了忘我无我的境界。我觉得这也不对吧。第二,公关形象,我觉得这对于公关部是个挑战,一个有个性的CEO,从来对他自己的公关部是蛮挑战的。

中:你在意网上对你的评价和评论吗?

李:我在意,但不是为了当当在意,是我个人。开始前五天,大家不知道当当是谁,我说当我作为成功人士站在纽约街头,70%的人都骂我,这是哪儿的"傻叉"啊?这是谁啊,怎么敢这么说话?这让公关部吓坏了。但是,我说你们给我时间,他们会认识我的。让更多人改变对我的态度,是我的乐趣。

中:你微博上发了这些言论以后,觉得痛不痛快?把这些话终于说出来了?

李: 这些言论(发出来)我当然觉得很痛快,跟投行跟基金,我们跟他们博弈,我们就是弱者嘛。好,自揭伤疤,说出来,我觉得挺痛快。但是,我创作那首歌词的时候,带了脏话,这个有失水准。其实,当时不是跟俞渝吵架嘛,我那个歌词(如果)把脏话打个叉,我讲这个水准就又高了一步。你跟公众不公众(没关系),作为李国庆,你干吗带脏话呢?

中:听说俞渝为此还专门批评了你?

李: 那当然。我还(将歌词)公开在我的微博里,污染了环境。我那个带脏话的歌词,没有点投行的名,也没点投行,他们也不知道我骂谁。但是,我为污染了网络语言环境而道歉,不是向投行。

中:那你虚心接受了董事长的批评吗?

李: 那虚心啊,确实有失水准。而且也不是我的风格,其实写歌词是被气极了。

2011年1月24日,当当网召开媒体沟通会,俞渝回应CEO李国庆在新浪微博舌战大摩女事件时表示,李国庆说的话是话糙理不糙。他一向是直话直说,是一个对于原本真实方面很敏感的人。他认为投行给当当定价偏低,这个问题如果他不公开讲,就没有人讲了。

你干你的，我干我的

在这次"微博事件"中，还有一位重要人物，那就是当当网另一位创始人——李国庆的夫人俞渝。因为曾在华尔街工作过，俞渝对待投行的态度和李国庆不同。当李国庆为了股票定价对投行愤恨不已时，俞渝不仅认可投行的工作，还坚持宴请投行工作人员，这直接成为"微博事件"的导火索。

李：这个其实在纽交所敲钟前，在纽交所给我们办了一个PARTY，我（当时）已经生气了，我都不想敲这个钟，我负气而走，快走出纽交所了，走出贵宾室，到了电梯，我另外两个副总又把我拉回去，说你是不是对股价不满意，我说是。然后回来也没发作，结果突然有一天Peggy（俞渝）告诉我，那两个投行的三十多人要飞到北京来，从世界各地（来），要庆祝一下。我说我们无论如何上市都是成功的，不管对股东、对员工、对供应商都有个交代，都是成功的，我们内部开个庆功会，那是应该的。给投行庆祝，还给他们贴粉，再去骗人去？

中：你这气又上来了？

李：我说第一你们没告诉我有这个活动，不参加是一定的,我说我请你们取消。Peggy 说我就要搞这个活动,我不但要搞,我现在要把每人的标准,不算酒水,每人标准从 300 涨到 500,她要给餐馆打电话。我说那我现在就上微博,去骂他们俩投行,我就回到我的书房,发了这个微博。

中:所以当时发微博的初衷,是在(你和俞渝)两个人有争执以后?

李:对。为投行的庆祝我不要,我想给他们贴个"耻辱柱",我还给他们庆功?一庆了功,(投行就会说)你看当当是我们最成功的案例,是个里程碑,于是他们又到别的企业瞎说去了,说你看做得多成功。本来不值那么多钱,我们做成值那么多钱。

中:这口气你咽不下?

李:咽不下。

中:那你当时和俞渝的争执激烈吗?

李:我们俩是经常表达不同观点,各行其是,最后观点不一致,那就各行其是,你干你的,我干我的。

中:你和俞渝的这个股份,是怎么来定的?因为我们现在看到,从这个招股说明书上直接来看,你名下的股份要比她多,是不是你的话语权就要比她更强一点?

李:不是。因为在董事会,就我们俩占着席位。这个股权安排只是一个名义(上的),实际上我们俩在整个基金安排、律师事务所、会计师事务所安排上还是平等的。

> 此前,李国庆与俞渝爱情加事业的婚姻一直被传为佳话。1996年,俞渝放弃了在华尔街的事业,回国与李国庆创立当当网,共任联合总裁,李国庆负责运营和管理,俞渝负责财务和资本运作。当当上市后,李国庆任公司 CEO,持股 38.9%,俞渝任执行董事长,持股 4.9%。

中：就是通过其他方式，比如说代持，使得总的股份你们俩是一样的？

李：一样的，利益是一样的。而且特别有意思的是说，我们至今都没有签离婚协议，她的律师我的律师都督促了这么多年，但离婚一定是一人一半的，所以利益是均等的。

中：当当上市以后，你跟俞渝的定位和方向会有些变化吗？

李：形式已经完全变了。这次上市前董事会开会，她也跟我谈，不要再联合总裁了，一个她觉得公司干的业绩很好，年年的业绩，满意满意，我说行，我就从联合总裁变成了总裁，我就是 CEO 了。

中：升官了？

李：升官了，俞渝就不是 CEO，叫执行董事长。我说，那你过去作为联合总裁的权力，你能不要了吗？你就别要了，是吧，（但这）还没有落实成文字。比如你既然是执行董事长，你双周例会是不是就别参加了，就参加我们季度经营分析会行不行？哪怕月度？要不然还是影响执行效率。这些（想法），（因为当当）刚上市，我们正在理（思路）。当然，你提的问题很好，让我想一想，还没有答复。

中：那刚才我也说到了，作为一家公众公司，应该说你个人受到的监督和约束越来越多了。你觉得未来会不会为公司做出一些个性上的改变，更多地去适应它？

李:不想改变了,我已经46岁了,我也不想二次创业。社会、股东越来越宽容我这样的CEO存在,我就这么存在。如果有一天,我不能存在的话,有更好的CEO,我就让位。因为我公开地说,告诉股东们,让企业价值最大化,不是我李国庆个人的追求。

中:**你的追求是什么?**

李:希望通过这个企业证明我有这个能力,证明给大家看,认真守法,也能把企业做大。个人走阳光的道路,不去权力寻租,不去行贿,也能够发财。我觉得,这个给后人、给这个社会带来(了更多)的意义,包括充满了个性,不用那么委曲求全。

中:**在节目的最后,我也想请您对俞渝、对当当网送上你的期待。**

李:我希望她还像过去一样这么淡定,特别是在无论是我的经营还是我的人生中出现一些小的错误时能给予更多的原谅。第二个对当当,我觉得当当网未来的前途是不可限量的。无论我在或不在,它都会乘风破浪,为中国的电子商务不断地刷新新的纪录。

当当网上市之后的"微博大战"已经偃旗息鼓,它是否可以引起其他上市企业的思考呢?站在商业的角度,上市过程也许仅仅是一次商业合作,但企业与资本的博弈却是长期的。美国资本市场有近百年的历史,而中国公司去美国上市,也不过是最近十来年的事,中国企业家如何在资本市场进行博弈和判断。当当的经验也许可以警示未来寻求海外上市的中国企业。毕竟,IPO只是上市的开始,而不是结束。

俞渝:"老革命"如何应对新环境?

当当网,中国元老级的电子商务网站,从1999年创业至今,几乎历经了中国互联网发展全过程,堪称中国互联网的活化石。在这十多年里,当当看到了新浪、搜狐、网易的无限风光,也看到了8848、瀛海威在寒冬里的黯然离场,更看到了近年来一批又一批网络新锐的飞速崛起。然而,当当,这位互联网元老一直走得不温不火。一个电子商务"老革命",该如何应对新环境? 2009年,在当当网还未上市前,俞谕接受了《中国经营者》的采访。

慢工出细活

《中国经营者》(以下简称"中"):不知道你这两年会不会面对这样的质疑,有没有听说过,说你看当当网苦哈哈地做了十年,现在做到了十几个亿的年销售额,但是这两年起来的公司似乎很轻松,你看,今年(2009年)有的B2C公司已经提出要达到45个亿,甚至100个亿,是不是当当网的节奏慢下来了?

俞渝(以下简称"俞"):不是。我觉得,一个公司(当当)可以以百分百的速度做十年,是一个非常了不起的事情。有的公司一下子蹿起来,我就觉得是好事,但是大家卖的东西不一样,这两个东西不可比啊,大家从事的卖的商品的领域不一样。这是40亿,这是20亿,所以这个40亿的公司比20亿的公司大？我觉得不见得。我要数当当网有多少顾客,别的公司有多少顾客,或者当当网有多少利润收入,别的公司有多少,那我可以完全得出,当当网什么十倍于谁,五倍于谁。我觉得这种竞争是无意义的。

不能只看毛利率

中：你们的毛利率能达到百分之多少？

俞：22%，23%。

中：有这么高吗？

俞：有这么高。

中：因为通常来说零售利润不高。

俞：不高。就你刚才举的一个公司来讲,我很清楚知道它的毛利率是3%。那我可以说,要从这个上头讲规模,同样情况下,当当是7倍于它。要是从最后利润情况来讲,那可能又是一个更大的数字。什么东西毛利有多高,不是一个单个公司决定的,是这个行业决定的。

中：去年（2008年）的时候我采访了凡客诚品的陈年,他原来是卓越的创始人之一。他跟我回顾当年在做卓越在卖

书的时候,他就说简直无法想象那么低的毛利率在网上做零售。因为你唯一的优势就是你的价格。所以,他说想起那段创业的日子,他会被这种很低的毛利率所折磨,所以他才现在想去做一个有自有品牌、有品牌溢价的、毛利率相对高的产品。我不知道你被这样低的毛利率折磨着吗?

俞:不被。如果一个人以毛利率为标杆进入行业的话,这个人会疯掉的。因为像护肤品行业,净利润都是在26%、27%。护肤品这么好,但是护肤品是你我可以进去的吗?不见得。以毛利率作为标杆进入企业,我觉得那是一个很学生的想法。我们在现实生活中就讲,看,哪个地方是有机会的,为什么我看到了机会呢? 就是说中国的图书零售做得不发达,图书是当当的切入点。把书卖好了之后,当当有了非常好的现金流,也有了很好的行业地位。另外,顾客尊重当当。在这个基础上,当当网开始卖其他的商品,路是这么一步一步走过来的。

中:就在我采访你的这两天,我看关于当当的新闻,大家都会提到一件事情,就是你们和卓越的价格战。它百种畅销书5折,然后你们就49折。大家会说这两个公司的价格战,因为打了不是一年两年了,死活这样打下去,这样不就是让你的毛利率非常痛苦? 甚至有人给你算了一笔账,说如果按这个做下去的话,你每本书要赔两块钱。

俞:当当网的定价的确力度很大,就是要做一个"价格杀手"。对于这种价格战,我觉得当当一棒就给它抡下去。

中:你们从来都是这样一棒子抡向对手的,但是这样左一棒子右一棒子,最后你们的毛利率……

俞:逐年提升。

中:反而逐年提升?这是为什么呢?

俞:因为规模带来效益。

中:网上大家替你算了账,说做这样的活动每本书赔两块,这完全是不了解情况的一个结论?

俞:我没看这个账,但是我觉得这个结论是不对的。但是,组织一个促销和价格战的时候,那里头肯定是有赔钱的商品,有赚钱的商品,要组合着做。

上市不该成为目标

中:大家都说当当是一个十年的公司,都认为在所有的互联网公司里面,你们做得最苦,因为十年都还没有上市。这么些年我相信你面对媒体的时候,回答一个"我为什么没有上市",已经有标准答案了吧?

俞:上市不应该成为一个公司的目标,但是上市现在是很多公司和企业家的目标,我觉得这事儿歪了。因为上市解决的是资金的问题,还有变现的问题,还有知名度的问题。如果一个公司不需要资金,也不需要通过上市这个事情来打造自己的知名度,那就是说有其他的变现方式吗?持有股票的人能发财吗?这几个问题对于当当来讲是很好解决的问题,当当的投资人也得到了很好的真金白银的回报,所以上市与否等等从来不是当当追求的目标。

做"全球最大的综合性中文网上购物商城"

中:其实我们知道当当从很多年前就尝试去做百货,但是这个方面,我不知道是不是一直是你的一个心头之病?

俞:可能是心头之病,因为有些门类发展得就是不好。我觉得当当做百货,经历了是卖外销品,也就是以外贸品为主,还是说自有品牌,是做一线品牌还是做二线品牌(这样的过程),一直在这个过程中间有一些矛盾。我觉得我们在百货上有非常大的机会,但是我们怎么样去抓住?这是这几年需要去解决的问题。

中:就在采访你之前,我问了一个很接近当当的研究者,我说你怎么看待当当的百货业务?他说我作为旁观者,我认为他们做事情不坚决,就是老是尝试一个品类,尝试尝试着就退回来,然后尝试别的,都觉得有难度。他说不像有的垂直网站,只能做这个,然后就坚决地做下去,结果就做成了。我不知道你同不同意这个旁观者的这个评论?

俞：不同意。因为事情有的时候是用试错原理做出来的，就是你同时试十个事情，最后有两个成功，其他八个不成功，我觉得这个是很自然的。

中：换句话说，当当在百货这个业务上选取的是一种试错的原理，就是试的什么东西是错的，我就不做了。那么是不是意味着有的时候就差一锹了，就能挖到金矿，但是你没有坚持下去？

俞：有可能。但是，只要你尝试得够多，面铺得够宽，而且犯的错误都是这种可以补救或者可以挽回的错误，那这个发展模型是可以执行的。

中：来自于你的竞争对手有一个观点，说当当就是因为它早，它老牌，所以大家已经形成了传播学上所称的刻板印象，认为它就是卖书的。现在虽然当当卖书卖得特别好，但是百货实际上被它这样的一个名声所牵制，所以就很难发展起来。你觉得有这样的因素存在吗？

俞：没有。我觉得，如果顾客喜欢一个店，他在这个店买过东西，这个店推出新品的时候，顾客是很在意很在意的。在当当买过书买过碟的人，愿意尝试当当百货的是非常非常多的。有人说它有刻板效应，没有，那是一个想象的东西。

中：来自于你的竞争对手卓越有这样的一个对他们自己的认知，说我现在图书只占50%了，百货也占50%了，所以我们现在已经是一个成熟的百货卖场、一个网上的超市。而当当现在卖书的流量还占了它的80%，所以当当还是一个书店，现在百货还只是顺带的。你觉得他们对自己的这个评估有道理吗？

俞：没道理。

中：你能给出你的理由吗？

俞：因为拎出单个门类的话，当当就是要比它的竞争对手大。在这个份额里头，当当百货是20%、图书是80%。但当当的百货拎出门类，也比对手的百货大。所以，说当当就是卖书的，然后当当的竞争对手是卖百货的，这个结论是不能成立的。另外我再推导一步，你刚才提到的这个竞争对手，它在全球的份额中，图书还占68%，它只是在中国市场上实在太打不动当当，所以就被挤压到了它赖以起家的商品领域之外。但是，如果我看整体市场规模的话，这个竞争对手跟当当挺有距离的。

中：我们还是回到你们这家竞争对手，去年（2008年）他们有一个新闻，他们的系统和全球的亚马逊的系统对接，所以他们就觉得他们现在在仓储、物流这些技术上已经国际化了。当当一直是十年自己在摸索这些东西，那你觉得在这些技术环节上，和你的这家竞争对手有没有距离？

俞：当当在这个技术环节上和竞争对手比，有不如人家的地方。我觉得互联网企业的一个魅力就是学习的速度可以加快，我觉得当当很会掐尖。我们可以待会儿结束采访之后，在当当网和另外一个公司订一些东西，我们可以看，谁得到的服务更快。我有百分之九十几的把握说当当的货物更快。这就是一个很好的例子。当当去看了很多服务公司的软件，当当也去试用了好多其他网上零售公司的服务，然后去倒推人家的流程。

中：你刚才用了一个词叫"掐尖"，你指的是你更会学习有效的东西，还是你更能适应本土化的各种市场环境？

俞：两个都有。我觉得一个企业要做得好，它一定要去掐尖，就是说别人已经试错的东西，知其然知其所以然；别人做得好的东西，学习它最关键的几个核心因素是什么。像美国的物流公司UPS，那是一个集中了几百架飞机、几十万辆卡车，在全球几百个国家有运作的非常庞大的运输帝国，它可以为美国很多公司提供非常好的物流解决方案。但中国就没有时间、空间诞生这样的物流帝国企业。但是，中国有很多各地报纸的送报队伍，他们八点钟之前要为全国各地的老百姓送报。八点之后，他们就需要找其他的事情。很多这些送报队伍现在成了当当的送货队伍。这意味着什么呢？这就意味着可以给当当的顾客带来成本优势。这都是去本土化的过程中间要去利用的因素。

更低价格、更多选择和更多的方便

中：这十年来，尤其是现在，你的竞争环境越来越复杂，你现在觉得当当给这个市场提供的价值最主要的是什么？

俞：我没法很抽象地讲。我就知道我走到全国各地，会有很多人说，我是当当的顾客，我在当当买过这个，我在当当买过那个。所以，我觉得当当是做大了市场，当当方便了顾客。

中：你说的这个是对全社会，如果我们把这个框架局限到对整个行业，你觉得当当提供的价值是什么，最主要的？

俞：我觉得如果谈百货的话，当当网的规模还没有到能够说，当当网真的养起了多少工厂，或者是拉动了多少（经济）。但是，我觉得对于这个行业来讲，当当网的存在，让全国很多快递公司有了非常坚实的一个业务。有了当当网这个基础业务之后，这些快递公司可以去承揽银行的业务，送票公司、机票公司的业务等等，拉动了他们的成长。在图书这个行业，当当网做的贡献就太大了。这么多零碎的需求，这么多在传统店满足不了的需求，当当却满足了。

中：那我就想，当当虽然有这么多年的历史，但是历史不能当做核心竞争力来看，那你的核心竞争力到底是什么？

俞：当当网的核心竞争力，是更低价格、更多选择和更多的方便这三件事情。更低价格就是,当当网选择了做一个折扣店,就是同样的东西,当当网要比别的地方便宜,这个是我们的一个选择。

中:所以你觉得价格低真的是你的核心竞争力吗?

俞:坚决是。当当对价格进行监测,当当知道这个对手的价格是在一个什么样的价格带,而且当当是定价这个市场,当当定多少,其他公司才跟着定,是这儿多一毛,还是那儿少一毛。我觉得,有些标准化的产品,给顾客一个透明的价格,是一个非常好的事情。

中:我们通常知道,如果讲核心竞争力,讲三条,往往就真的不是核心。

俞:我就三条,只有三条,这三条做了九年,还会再做九十年。

美团

——玩转"千团大战"

网络团购,野蛮生长,乱象丛生,上演千团大战
王兴:不要把行业搞砸了,一粒老鼠屎坏了一锅汤。

国际团购网站巨头觊觎中国市场,美团如何打好本土保卫战?
王兴:坦白讲,我不认为一个外来和尚就特别会念经。

打破团购行业的"潜规则",他被同行称为"自杀式袭击"
《中国经营者》:当你做这个决定以后,立刻在同行中引起了普遍的反对,这方面你有什么压力吗?

数次创业却屡屡受挫,押宝美团,他能否打赢翻身仗?
《中国经营者》:如果看未来五年,可能最后剩下来的(团购网站)不到五家,你觉得美团网会是 1/5 吗?
王兴:这我完全相信,我们不但会是几家剩者之一,我们的目标是最大的赢家,成为 No.1。

王　兴　中国第一家专业团购网站美团网创始人兼CEO。曾先后创立过校内网、海内网和饭否网。

2010年3月4日,曾创建过包括校内网、饭否网等多家知名SNS网站的王兴,在沉寂半年后,没有选择在自己擅长的社交网络领域开发产品,而是出人意料地做了一个团购式的电子商务网站——美团网。从SNS一下子跳到电子商务,王兴不是因为饭否关站而一时烧坏了脑子,他解释说:"美团网和我们以往产品的思路其实是一样的,也是靠人和人的关系来传递信息。"然而,这种有些隐晦的说辞是无法清楚说明王兴转做团购网站的用意的。其实,做诸如校内网等网站,之所以冠以"创业"二字,就不是纯粹玩什么交流、沟通的情感游戏,而是寻找商机。风投拼命砸钱,真的不是大发慈悲建个广场,方便大家聊闲言碎语的,而是要看回报的。因此,美团网也是冲着财富而来的。而有着国外Groupon团购的成功典范,加上易于上手操作的特性,团购领域顿时激起"好做,钱多,速来"的效应,一大批团购网站如雨后春笋迅速生长起来。

但是,钱是不是真的好赚呢?

团购,是什么

《中国经营者》(以下简称"中"):王总,我们注意到,其实团购网站的属性划分,到目前为止,都不是特别清晰。有人说,团购网站就是一个B2C的电子商务的网站;也有人说它是一个消费整合、媒体平台的概念。那么在你的眼中,团购网站它的真面目到底是什么?

王兴(以下简称"王"):说它(团购网站)不太清楚,因为它本身非常年轻。有人把它说是B2C,有人把它说成是整合平台。但是,最重要的事情,它跟之前的电子商务不一样,因为它开创了一个新领域。以前的电子商务做的都是实体商品的电子商务,而美团网是做这个本地服务的电子商务。一个是卖看得见摸得着的东西,一个是卖本地的服务,如餐饮、电影院、卡拉OK。这两个不太一样,这是最大的区别,也是电子商务不断发展、不断深入的一个方面。

中:比如说我要买一张电影票,我先在团购网上买一张券,然后我再利用这个券,到电影院里面去买票,然后你和电影院之间再有分成?

王:对,可能甚至连买票的过程都可以省掉,通常流程是这样,就是我们跟商家谈好一个非常好的折扣,比如说双人套票,挂出来之后,消费者在网上点击,就通过支付宝或者网银,直接把钱付给我们了,我们再给他们返回一条短信以及密码,就是他凭着这个密码,到商家那里去直接看电影就可以了,不用再付钱,不用再买票。但是,商家要做的事情,是验证他这个密码是否有效,凭这个密码来找我们收钱。

中:如果我们说一张电影票的价格是100元,你的利润

> 在采访过程中,王兴告诉我们:电影票、婚纱摄影和餐饮分别占据团购网站整体销售额的前三名。从中可以看到,网络团购的显著特点是以本地化的服务类消费为主,而且购买时间通常限定在一到两天之内。这正是团购网站与淘宝、京东等传统网上商城最大的不同。

是多少？

王：各个城市各个行业，平均下来，美团从商家收的分成是10%左右。

中：那么(利润)最高的是什么，(利润)最低的是什么？

王：最高的话非常夸张，例如说一些商家，他新开业，他希望通过美团网吸引很多人来。他甚至可以把那些东西几乎免费地给我们，因为对他来讲，这是一个营销推广，等于他付出一笔广告费。所以，这个高的话，就几乎是100%的利润。

中：你曾经说过，实际上团购网站是一个颠倒过来的网站，是一个C2B的网站，你先要了解消费者，然后为这些消费者再去找到对应的商家。可以说在这个平台上，我们也可以看到媒体的功能。你们在这方面是不是做了很多的调查，手里有很多关于你客户的数据？

王：对，我觉得美团网做的这个C2B跟传统的B2C不太一样，我们是先有会员，几百万的会员，然后我们去了解，通过问卷调查等各种方式去了解他们是什么样的人，他们需要什么东西，他们喜欢什么东西，然后在他需要的领域里面，我们去找不同的商家谈，然后选最好的方案，去帮他设计，然后会帮他介绍，所以这是很有趣的模式，它把媒体跟电子商务结合在一起。例如，在美团网上，每一个商家的一篇文章，这些图片，你可以说它是广告，你也可以说它是内容。它把广告和内容很好地结合在一起了,而且我们是非常明确地告诉大家,我们觉得它好,我们希望你买。这两个是合在一起的,是不矛盾的。

团购,怎么"团"

中:我们看到曾经有新浪微博网友,提到这么一个问题,他说很多在网上销售的产品,都是希望它跑量,卖得越多越好。但是对于团购来说,情况往往不是这样的,如果你的量跑得太多的话,商家往往无法承受,那作为美团网,你有没有遇到过这样的尴尬情况?

王:在初期,我们是不断追求量的,我们去年(2010年)3月4日第一单,卖了79份。到后面很快,一个团购项目卖几百份,到后面卖几千份,到后面卖几万份。当我们跟北京的陈阿婆火锅合作,一天卖了3万多份火锅之后,我们发现不行了,不能再打了。我们卖3万份,它有十几家分店,还能够承受,但是我们永远不能卖30万份,因为谁也承受不了,会担心。

中:餐厅受不了了?

王:对,因为我们有这个销售能力,但是不能卖那么多,否则会影响服务品质。所以从那个之后,我们就转变思路,不是单个追求一个团购项目的量越大越好,而是得控制前提,也就是它的服务能力、接待能力没有问题,不影响消费品质。我们是从另一个角度入手,我们可以增加团购项目的数量,我们可以一天跟多个商家合作,去分散客流。通过这个方式,我们总体(量)还是能大,但是单个不会量太大而影响服务品质。

服务品质,是美团特别重视的并努力营造的东西。要做好服务,必须了解消费者。那么,消费者都怀着什么样的心态来团购呢?商品品种要多、要精,当然,优惠力度一定要够大。对此,王兴构思出美团的运营理念:向消费者提供低价格高品质的服务选项。美团网站上就明确声明:"每天团购一次,为消费者发现最值得信赖的商家,让消费者享受超低折扣的优质服务。"

为了实现这样的理念,王兴决定将主要精力用在服务类团购上。王兴说,服务的电子商务是一个巨大的市场。传统电子商务的元年是在1998年,2010年是中国服务电子商务的元年,而2012年则会是服务类电子商务迅猛增长的一年。

《福布斯》杂志撰文指出,专注服务团购,可以回避实物类商品的配送环节——这一环节产生的费用是拖累很多实物类电子商务网站盈利状况的主要包袱之一,同时还能规避像淘宝、腾讯这样的传统互联网巨头的插足,因为本地商户的IT化程度很低,这就需要强大的线下团队,这是它们不具备的。2011年11月,美团网本地服务类产品的销售额已经超过两亿元,这是国内首家本地服务类产品月销售额过两亿元的团购网站。目前,服务类团购的交易额占了美团全部交易额的95%,这一比例在团购网站中名列前茅。

除了重点做服务团购,王兴还借用另一大利器——科技——来助推其提供的服务水平。2011年年末,王兴在接受TechWeb的采访时说:"用科技手段提升服务水平是我进入团购这个行业时最初的想法,技术和服务是美团网自始至终都坚持的,我认为也会是2012年团购行业的关键词。"

利用IT技术完善对数据的处理并作深入分析与优化,以便在参与团购的消费者和商家之间提供精准服务,是王兴认识到的团购网站做大做强必须努力的方向。

在接受《中国高新技术产业导报》采访时,王兴表示:"因为团购是本地服务电子商务的切入口,消费者的成本除了购买成本外,还有时间成本。如果我们能够更加精准地将消费者最想要的信息推送给他,对消费者的体验改善就会有很大帮助。"王兴认为,数字是一个无比真实的表达。消费者喜欢什么,会为什么而买单,一旦有据可查,就能提供更方便、更快捷又最贴心的服务。

在消费者端的数据挖掘方面,美团网进行了各种细分。比如消费者的男女比例、年龄阶段、地域分布、收入水平以及对各种消费品类的喜好程度等。2011年,美团网上线了自己研发的商家自动还款系统,可以让商家像取银行账户余额一样方便快捷地结款。这个在很多其他团购网站还要靠人工来实现。另外,商家还可以通过这个系统查看实际接待用户数量和销售情况。商家也可以经由美团的服务系统随时看见自己产品的销售情况、消费者评价。

目前,数据化运营已贯穿美团网业务链条始终,成为其核心竞争力之一。"只有充分挖掘更具体、全面的数据信息,才能提高自身及合作伙伴的效率,为消费者提供更好的服务。"王兴表示。

打破潜规则

团购虽美好,但亦须有度。倘若一时头脑发热,买了好多消费券,即便团购网站还很好心又贴心地发短信提醒"您有一张XXX的消费券即将于七天后到期",也总有可能被琐事缠身而无法前往消费的时候,当然还有完全忘记了还有这档子事的,那么,这原本以为是"占了便宜"花出去的真金白银就烂在团购网站了?

中:的确消费者可能看到这个团购网站上有很多非常劲爆的、大的折扣,冲动消费以后就买了很多,但是一忙以后,有可能这些消费券就过期了。那么现在对于团购网站来说,这个消费券过期,会不会影响他们的营收?

王:我觉得它首先会影响现金流,因为有些钱沉淀在这里。这部分钱到底算不算美团网的收入,算不算我们的利润?这个其实我们是有过讨论,也有过纠结的。因为看起来这个事情似乎很容易,钱存在我们这里了,他又没有去消费。但是,后面我们经过讨论,我们就决定首先要确保消费者的利益。

中:你在纠结之后,还是要把这笔钱还回去?

王:对,就在(2011年)3月4日,我们一周年发布会上,我们发布了过期包退的策略,就是把过去一年时间这一千多万一次性地返还给消费者。

中:一千多万?那么你去年(2010年)全年的收入是多少?

王:2.3亿,大概5%的过期消费券未消费。

中:消费券过期在业内,它的平均水平是多少?一般来说,对于团购网站,过期消费券在每个月的收入当中,能占到什么样的比例?

王:我认为业内平均应该是5%到10%,可能少数(网站)会高些。

中:那么在团购这个行业中,大多数是退还是不退呢?

王:之前就没有明确地说,没有明确的做法。我们推出过期包退之后,现在已经有好几家宣布跟进了。

中:你们是第一家?

王:对。

中:你这儿有一千多万返还回去以后,立刻在同行业里面引起了很大的反响,大家都纷纷地反对,认为你打破了行业的潜规则。

王:有一些人反对,短期看可能损失一些钱,但是长期看的话,会让消费者放心。

《东方早报》指出,2011年3月4日,美团网在全球范围内率先推出了"过期包退"保障措施,消费者过期未消费的团购产品将获得退款服务,此举措有效地打消了用户参与团购的顾虑,促进了团购行业的发展。2012年3月,在"过期退"保障措施实行一年之后,美团网曾经公布过相关数据:2011年3月—2012年2月,"过期退"金额为7800万元,同期的销售额为18.19亿元,较上一年(销售额2.3亿)增长近八倍。

就在美团网推出"过期退款"第二天,它的最大竞争对手——拉手网立即推出了类似服务。拉手网CEO吴波同时指出,美团网的"退款",构筑了行业门槛的"价格战"。之前因为进入门槛低,团购市场分散而混乱,国内团购网站数量更是一度达到五千多家,而通过退款"自断财路",美团、拉手等大网站点燃了市场整合的战火。

打战：烧钱、洋和尚

团购是不是一门好的生意？对于这个问题，观察者都能侃侃而谈半天，但恐怕只有身处团购漩涡中的各位大佬自个儿感受得真切。从2010年诞生，到2011年的群雄逐鹿，再到2012年的大面积洗牌，短短两年多的时间，中国团购业从迅速崛起、遍地开花变成现在一副死水微澜的模样。太快，很能概括团购业发展的状况。但是，这也容不得身处其间的团购网站半点懈怠，需要不断总结与思考。经历了混战，在一片倒闭、并购、转型之后，团购网站的出路在哪里、剩下来的就能"稳坐钓鱼台"，不是立即就能给出答案的，都需要好好反思。本期节目播出的2011年4月，正是团购网站蓬勃发展、一片热闹的时候，也是逐个厮杀的时候，美团网要想杀出重围，必须直面挑战，找到应对各种问题的措施。

中：现在据说中国的团购网站已经有一千多家，接近两千家了。

王：对，就是从去年（2010年）3月4日到现在，一年时间里，百团大战，千团大战。

中：马上要升到万团大战了？

王：其实不是那样的，相反现在已经开始出现整合，因为你刚才说门槛低，我们可以拿餐饮来作类比。在餐饮行业里面，你可以做一张桌子四个板凳，就这样摆一个大排档，你也可以投资千万、上亿，开一个非常豪华非常有品质的海鲜酒楼，这两个都是餐饮行业，但是差别非常大。你刚才说的千团大战里面，都属于非常小的，规模非常小的，真的有竞争力的是少数。

中：实际上几万元钱就可以建立一个团购网站，这一类团购网站更像是一个大排档。刚才你也说到，美团网像一个海鲜酒楼，那么它的投资是多少呢？

王：我们从最初开始到现在，要维持美团网运营的话，我们在全国有近千个员工，同时我们还有很多的系统开发的投入。

中：那每个月要烧掉多少钱？

王：接近一千万人民币。

中：最开始的时候，你在准备团购网这些系统的时候，你的投入资金是多少？

王：我们的启动资金倒是只有500万人民币就够了，但是因为那时候我们是国内最早的一家，市场非常空白，成本非常低。但是，现在已经千团大战，你再重新进入的话，门槛就高了非常多了。

在国内数千家团购网站激烈拼杀之际，国外团购网巨头也杀进了中国市场。2011年3月16日,世界最大的团购网站Groupon与腾讯联手创办的高朋网正式上线。Groupon被《纽约时报》称为"史上最疯狂的"互联网公司,因为它从创办到估值到达10亿美元,仅仅用了一年半的时间,甚至比大名鼎鼎的Facebook发展还要迅猛。国内团购业本已硝烟四起,现在则有人惊呼:"狼,真的来了!"

中:我们听说全球最大的团购网站Groupon即将进入中国,而且它开出来的薪水非常诱人。你有没有准备好,它来挖你的墙脚?

王:首先我们是有信心应对这一切竞争的,然后另一方面,我们也听到很多传闻,包括李开复老师也在新浪微博上揭发了老外的做法。就是这帮人他们在国外用了一个非常恶性竞争的方式,开双倍三倍薪水,从你这儿挖人,但是两三个月就开除了。这种做法是完全恶性竞争,完全不是为了搞好自己,完全是为了搞坏别人。开复老师揭发这个事情后,媒体也有很多报道,包括我们员工也非常清楚这个事情,大家不会上这个当。

中:那如果它真的进来以后,局面变得有些微妙和糟糕的话,你有哪些应对措施,现在就需要准备了?

王:坦白讲,我不认为一个外来和尚就特别会念经,会把这个团购市场搞成什么样子。

中:你不担心?

> 2011年2月,Groupon与腾讯合资的高朋网成立。随后,高朋网每个月都砸上千万级别的广告。面对团购市场惨烈的竞争,投资人发现这是个"无底洞"。2012年8月1日,不到一年半的时间,高朋网宣布与F团合并。

王：因为你想，过去国内发展一年时间，已经有上千家团购网站，其实也不多它一家。另外，老外是不是能更了解中国市场，了解消费者要什么，商家要什么，这个很难讲。之前已经有很多的例子，包括非常成功的互联网公司，在国外非常成功，但是在中国，适应不了中国国情。

中：我们现在发现中国很多的团购网都非常同质化，而且都是模仿 Groupon 的模式渐渐发展起来的。你觉得未来在创新方面，美团网会有些什么好的做法？

王：例如说我们认为长期来看的话，不光是在电脑上会参加团购，在手机上也越来越普及。美团网就发布了这个智能客户手机端，iPhone 平台的，还有安卓平台的，因为我非常看好这两个平台。现在手机端越来越大，使用的人也越来越多。我们往后看两年甚至三年，将来在手机上参加团购的人，会超过在电脑上参加团购的人。因为我们做的是本地的电子商务，而手机是随手携带的，还能知道你在什么位置。所以，这里面有很多的创新空间。

中：刚才我们说到国外军团进军国内市场，那么我们再来看一下，国内的很多大佬也没有闲着，在纷纷地加快进入团购这个领域的速度，我们知道新浪、网易、腾讯，还有搜狐，都已经宣布上线网购服务这一块。那你未来还有路走吗？

王：其实相反，我觉得，因为市场足够巨大，有各种各样

> 支付宝数据显示，2012年下半年，使用移动设备团购生活服务商品的交易进入爆发期，增长幅度相比上半年达到4倍的规模。2012年全年来自移动端的生活服务团购交易比上一年激增27倍，移动业务在总体交易中的占比已超过15%。美团网副总裁王慧文表示，移动互联网是美团网实现"千亿交易平台"的重要渠道。

的人加入,对开拓市场、培育市场是个好事。很多大的公司,对它们来说这是一个可以尝试的东西,但并不是它们把全部身心、百分百的精力花上去(做)的事情。所以,让它们进入是好事,因为它们也认可这个市场,也愿意一起培育这个市场。但最终这个市场里面的最大赢家,应该是能专注做的,能够百分百投入,满足消费者和商家需求的人。

中:那你觉得这个市场规模有多大?

王:简单算的话,至少是千亿级。

中:这个数据让人听起来很兴奋。那么在目前的这个市场规模当中,属于你的蛋糕有多大?

王:一千亿是潜在的市场规模,现在可能开拓的只有不到一百亿,而美团网在过去的第一年时间做到了 2.3 亿,所以,我们只是做了一个个位数的事情。

中:我们看到有评论说,也许团购将成为中国互联网下一个大的泡沫,像世界上最大的团购网站 Groupon,在(2011 年)3 月份,它的估值已经高达了 150 亿元,而它去年的收入只有 7.6 个亿,利润只有 2 个亿。这样高的估值,对于非常疯狂、非常狂热的中国网站而言,怎么应该保持一个非常清醒的心态?

王:这方面是需要平常心,就是国外市场怎么样,或者资本市场现在怎么样,不代表将来会怎么样。我们美团网在过去一年的发展过程中,其实也有很多的投资人来找我们。

> 易观国际的数据显示,2011 年中国团购网站交易规模达到 237 亿元。

> 随着团购的发展,风投扎堆出现。包括金沙江创投、红杉资本、凯鹏华盈在内的近二十家知名机构都涉足其中,投资量级都在百万美元以上。其中,金沙江创投对拉手网、红杉资本对美团网的注资,均在千万美元以上级别。

我们也接触过一些,最后我们选择了红杉资本。大家共同看好这个团购市场的发展。同时我们又非常有耐心,不会因为一时的起起伏伏而失去平常心。

中:那红杉给了你多少炮弹呢?

王:具体的金额不方便透露,但肯定是超过千万美元的。

中:你曾经了解过风投对你的评价吗?你知道他们怎么描述你的?

王:肯定不同的人会有不同的评价。

中:我们先听听你自己对你自己的评价?

王:我是一个对事物充满好奇的人。这么说吧,如果用四个字评价的话,那就是我们一周年发布会的一个主题:纵情向前!

走比跑更快

《福布斯》中文版2012年6月刊发了一篇文章《团购就像马拉松》,在文章里,对于美团,王兴表示:"从2010年3月我开始做这个事情,就相信这是一个长远来看市场非常大的事情,但最终你要成为胜者的话,就必须能够很扎实地持续前进,而不是一惊一乍的,一会儿很猛,一会儿完全歇着。这是一场马拉松。"他认为不能跑得太快,因为如果太快,就会出现有的方面跟不上的问题,这是过去几次创业给他的教训。

在接受《中国经营者》采访时,王兴多次提到要"向前看"。当然,向前看,还要看得更远一点,不能为眼前的一点利益或一些问题而乱了阵脚,作出短视的决策。

在美团网两周年内部年会上,王兴说:我们要做好充足准备,不管外界环境好坏,不管所谓运气好坏,不怨天尤人,我们坚持我们的计划,每天前进一些。

在拉手网冲刺IPO未果,24券拖欠商家款项被追债,并发声明:"因公司经营业务的重大调整,……暂时进入一段时间的'长假期'",团宝因资金链断裂而倒闭,F团高朋并购重组,京东团购平台转型,以及窝窝等网站大幅撤站、裁员,连"团购鼻祖"Groupon在2012年股价也单边下跌,市值缩水严重的大背景下,2012年6月7日出街的《东方早报》发表的文章里,美团网副总裁王慧文透露,目前美团全国近百个分站绝大多数已盈利,预计会在原定的四季度之前实现公司的整体盈利,美团网现在是正现金流,而现金流正是盈利的必要条件。2013年1月4日,王慧文在接受采访时透露,2012年12月美团网的销售额突破了8亿,2012年全年销售额超过了55亿,实现了全面盈利。

1号店

——请叫我"网上沃尔玛"

从酱油到冰箱,网络超市应有尽有
于刚:现在我们已经有四万多个商品。

淘宝、京东、当当、亚马逊等等,每一个对手都不是省油的灯
《中国经营者》:在你的眼中,你的假想敌人是谁?

江湖混战,竞争惨烈,新兵如何胜出?
《中国经营者》:为什么你把这个叫做自己的核心竞争力?

从经理人到企业家,创业路上困难重重
于刚:说我们是企业的高管,从一做到十是可以的,从零做到一,是他们不信任的。

于　刚　1号店董事长。美国宾夕法尼亚大学决策科学博士,曾任戴尔和亚马逊的全球副总裁。2008年创办电子商务网站1号店。

2008年7月11日,"1号店"(www.yihaodian.com)正式上线,开创了中国电子商务行业"网上超市"的先河。官网称,1号店是在中国规模、品类均占行业领先地位的B2C电子商务企业。以"家"为核心,打造满足家庭所需的一站式购物平台。系统平台、采购、仓储、配送和客户关系管理构筑其强大核心竞争力。另外,1号店也开发了手机版购物客户端"掌上1号店",便利顾客畅享掌上购物。2012年3月,1号店注册用户达到2000万。2012年4月,在线销售商品超过25万种。目前,所售商品SKU(Stock Keeping Unit,即保存库存控制的最小可用单位)已达90万种。1号店在上海、北京、广州、武汉、成都五地建立了仓储物流中心,并在周边城市建立了相应的配送点。2011年12月,在全国34个城市设立138个自配送站点。1号店的口号是:"1号店,只为更好的生活"。

从2008年7月到2009年9月第100万个用户诞生,1号店用了一年零两个月的时间。2010年3月,第300万个用户诞生。2010年9月,第400万个用户诞生。2011年7月,注册会员突破1000万。2012年1月,注册会员达1600万。2012年2月,注册会员数达1800万。2012年3月,注册会员达到2000万。2011年12月,获得"2011德勤高科技、高成长亚太区500强"第一名。

将自己定位为"网络超市"的1号店,自2008年7月上线以来,实现了3年192倍的飞速增长,被业界誉为中国成长最快的电子商务公司。客流量、转换率、顾客重复购买率等重要指标名列中国电子商务行业的领先地位。2011年荣获中国企业家颁发"21未来之星——2011年度最具成长性新兴企业"称号。

2012年对于电商来说,绕不开的一个词就是"价格战",从年初到年尾,电商大佬们打得热闹,但各自未见得从中能谋到什么利,而消费者似乎也未能占到多少便宜。2012年9月2日播出的《波士堂》,1号店董事长于刚与CEO刘峻岭双双做客节目畅谈电商生态。节目观察员奇正沐古(中国)咨询机构董事长孔繁任说,传统营销当中发生的所有问题在电商领域也都发生了,比如在传统产业当中的造假、卖假货、打价格战,在互联网上都发生了。传统产业现在与互联网越来越像。于刚则回应说,他想建立一个健康的生态圈,就是说不是烧钱打价格战,而是真正地有实力靠优化产业链,降低自己的成本,真正让顾客得到实惠。刘峻岭认为,1号店很关注价格,但价格战是不可持续的,企业应当打造自己的核心竞争力,提升盈利能力,让出更多实惠给顾客,最后自然会赢。

拿人钱财如何做事?这个问题需要好好问问1号店。像很多其他电商一样,1号店也找了VC(风投),但不像其他一些电商仍旧牢牢抓住决策权,1号店很快就把大部分股份让给别人,比如沃尔玛就成了1号店的控股股东。当创业者遇上投资人,总有各种矛盾在其中,更有可能使得原先的经营理念完全被资方所推翻。对于1号店的做法,于刚回应说,其首先考虑的是如何把事情做成,而不是先考虑自己的价值有多高。如果事情做不成,占再多的股份也没用。在中国做电商,想在很短的时间内进到前几名,必须要有充足的弹药去"打仗",所以让出股权,选择一个好的战略投资者,提供很多有战略价值的建议,是一个好的决定。但是,创业激情不应减。靠股权、靠位子决定的领导力,其实是低级的领导力。真正的领导力应该是你的影响力、你的决策能力、你的视野,这样你可以影响身边的人,让员工、股东、合作伙伴都能支持你。

对于从职业经理人角色转换到创业者角色,刘峻岭说,最需要做的就是放下心态。捋起袖子,什么都干。心态放不下,就不要去创业。另外,很多事情,一定要假设自己什么都不懂。在沟通过程中需要假设对方不知道你在说什么,你说完了,然后再让对方重复一遍。如果你认为对方完全知道你在说什么,则可能有很多后续的沟通上的误解。于刚则给年轻创业者们提出了三个忠告:(1)创业是马拉松,不要急于求成。要奠定好创业成功的基石,包括企业文化的创建、核心竞争力的打造、知识产权的保护等,甚至包括组织架构的设置等。(2)创业要迎难而上,容易做起来的事情也容易被复制而缺乏价值,但"没有金刚钻就别揽瓷器活"。(3)创业需要激情,激情能激发创造力,可以把不可能变为可能。

为消费者提供一站式网上购买服务的1号店,业绩突出。于刚在接受记者采访时就说,2012年7月4周年店庆月中,1号店三个小时内完成了2008年全年的销售额,两天内完成了2009年全年的销售额,一个月内完成了2010年全年的销售额。在1号店的数据统计中,2400万注册用户中老用户对每天订单的贡献率达到了70%。但是,面对已在江湖上的各位电子商务大佬们,比如当当、亚马逊、京东,以及线下零售行业的挑战,到底该如何应对呢?它的盈利模式又是什么?

做"网上沃尔玛"

《中国经营者》(以下简称"中"):你打造的是网上超市,和传统的零售、传统的大卖场还不一样。如果你和沃尔玛的总裁有一个交流见面的机会,你如何来介绍自己?

于刚(以下简称"于"):我介绍说,我要做"网上的沃尔玛"。

我们今年(2010年)计划要新引进十万多个新品,给你一个大概的比较,一个传统的大型超市,像家乐福大概有两万多个商品。

中:所以你们卖的商品是他们的一倍多?

于:对,这就是电子商务的优势,电子商务是无穷的货架,我加服务器就行了。所以,这个时候我们要充分利用电子商务的这个优势,可以展现我们无数的商品给顾客。

中:在这十万多件商品中,主要分为哪几大类?

于:我们有食品饮料,有美容护理、家居家电、母婴玩具,我们还会新上办公用品等等很多的种类。

中:什么都卖?

于:对,基本上就是这样的。

中:那在所有的这些商品当中,最最便宜的商品是什么?

竞争力一:价格优惠

于:我们有个比价和定价的团队,我们每天都要进行比价。我们定价的原则是比传统的超市要便宜三到五个点。

中:那我们具体来看一件商品,比如说买一包薯片,在一般的超市里面,可能也就是几块钱,在你们的网上买的话,大概是一个什么样的价格?

于:价格应该比它便宜三到五个百分点,也就是说打九七折或者九五折。从食品饮料来讲,有些小的,比如一些饮料,一瓶两瓶的饮料,比较便宜一点。

中:就是小到几块钱?

于：小到几块钱，甚至一块钱的盐也有，这些食品我们叫做结构性的商品，一定要有。

中：什么叫结构性的商品？

于：假如我们说我们给顾客提供一站式的购买（服务），或者是柴米油盐酱醋茶，那么盐你必须要有。我们一袋盐一块钱。这种东西值不值得卖？（如果）你没有的话，你缺失这个结构，有时候顾客来了以后说你自身号称是超市，但是你盐都没有，怎么是超市？这些都是刚性需求，顾客就是有这种需求。因为有这种需求，来到你店里。

竞争力二：品种齐全

选择了最难走的路：卖百货

为了满足顾客的需求，从2009年开始，中国的电子商务大佬们开始集体杀入百货业。但无论是从卖书起家的当当和卓越，从卖电子产品起家的京东商城，从卖母婴商品起家的红孩子，无一例外都选择了先专卖某种商品，再逐步扩展到百货的道路。但是，1号店却一头扎入了对供应链、技术、支付和物流等多个环节要求极高的百货业。俞渝、陈年、刘强东、徐沛欣，个个都是互联网老江湖，他们尚且做不到，于刚凭的是什么？

中：你说你的这个概念、你的模式非常简单，就是一站式购买。但是,我们往往发现简单的东西,可能是最难做的。你为什么要选择这么一条难走的路来走呢?

于:我们看到很多电子商务企业选择做垂直性的网站。比如说可以做服装,可以做书,可以做母婴类的产品。做这种垂直性的网站的话,它的优势是我很专业,我专注在这几类产品里面,然后我可以把它做得很专,我对库存的管理、产品种类的管理,比较容易一些。但是,无一例外的,这些商家等它们一发展的时候就会遇到瓶颈。最大的瓶颈就是我怎么扩张,我怎么改变顾客对我们的认识。

中:但是,我们很好奇,你还没有发展的时候,就已经看到瓶颈了吗?

于:我们看到了,而且我们在这个方面的讨论是非常非常之多的。我和峻岭进行了大量大量的讨论,就是说我们怎么样切入。

中:另外一位创始人?

于:对,另外一位创始人叫刘峻岭,我的搭档。我们知道,实际上我们选择的是最难的路。为什么呢?首先,从商品种类上说,它是海量的商品,这么多的商品如何管理?第二,所谓超市的产品,它还有些别的特征。比如说它有些瓶瓶罐罐的,还有就是它有一些短的保质期的商品,对这些商品如何进行有效的管理?我们当时就做了很多的分析,我们在这一点上面有没有核心竞争力呢?我们研究之后就发现供应链管理是其核心。我们发现这一点后,觉得我们有多年的经验,包括我们在戴尔的经验,在亚马逊的经验,包括我做了大概二十多年的供应链管理,因此有很多的知识积累。

中:你们这个切入点,是直接选择了百货,而不说是一个垂直领域,是一个单一产品的一个概念,是不是考虑到当时的市场格局已经定了,比如说在电器方面有京东网,在书籍方面有当当网,要避开正面作战?

于:我们有这样一些考虑,就是想开始的时候,在早期的时候,不要很快地就跟别人产生正面的竞争。所以,由快销品切入。快销品有很广的范围,因为我叫网上超市嘛,超市它可伸可缩。超市你可以想到很大,像沃尔玛、家乐福等等,你也可以想到一些小的,小型超市也可以。就是说我们可伸可缩,而且不受本身局限。以后顾客不会把我们想成,1号店就是一个卖母婴用品,或者就是一个卖图书的,他不会把我们想在那个小的范围之内。我们是这样想的,又避开了竞争,又让我们有足够的发展空间。

> 卖百货的优势一:发展空间巨大

中:我们看到别人都是从易到难,而你们是反过来的。

于:对,我们觉得难有它的好处。(好处)在哪里呢?就是难,你难别人也难,大家都难。但是,假如你过了这个坎,克服了这个困难,你迎难而上的话,那么一旦你做好了,你就自然建立起了一个壁垒,别人就很难进来。

> 卖百货的优势二:先难后易,先苦后甜

中国电子商务元老当当网和卓越从卖图书起家，经过数年的行业深耕后都进入了百货零售。此外，从 2009 年开始，卖 3C 商品起家的京东商城和新蛋网、卖母婴产品出身的红孩子等多家成功的垂直电子商务网站都不约而同地杀入了百货业。空前拥挤的市场会不会引发惨烈的价格战？1 号店在这个大佬云集的市场上，又将如何找到自己的基业长青之道？

中：在中国目前的电子商务市场格局中已经有很多的大佬，我们看到有淘宝、有京东网、有当当、有卓越等等。在你的眼中，你的假想敌人是谁？

于：实际上我们没有太多地关注过竞争对手，我们的理念是把自己的内功做好。第一要打造我们的系统和平台，第二就是我们的采购能力，第三就是我们的仓储能力、我们的配送能力和我们的会员管理能力，CRM（客户关系管理）。这几块我们认为是我们非常核心的（竞争力），我们就专注在这几块上面，（想着）我们怎么把这几块在业界都做到最好。

中：在我们做采访之前，我们的节目组也做了个小小的实验。我们在 1 号店里面花了 14 块 8 买了 6 盒酸奶，是前一天中午订下的单子，第二天早上送到。可以说在同行业里面，这个速度已经算是非常快了。但是，我们从消费者角度来说，你如果是订购了食品的话，你肯定是想要在尽快短的时间内拿到它。所以，这个过程需要尽量压缩时间。那么你们在这方面是不是也遇到了很多困难？

于：配送是所有的电子商务遇到的瓶颈。因为中国配送行业还非常零散，中国没有一家配送商是非常强势的，可以覆盖全国。所以，我们选择整合配送商的资源，我们现在有跟十几家第三方配送合作，同时我们也组建了自己的配送队伍，这样的话，第一是可以保证我们的成长，第二是可以保证我们的顾客体验不受影响。

中：刚才您谈到要管理很多的商品,这个数量级可能是几万件,但是每一个商品都有自己的属性,您刚刚自己说这个易碎,或者它的保质期短了,管理这些商品,是不是你现在要花大量的精力去做的一块?

于：这是我们最关注的一部分,最难的还是在它的供应链管理上。我刚才解释了,由于商品种类很多,而且周转速度也非常快,比如短保质期的商品,还有很重的商品,究竟怎么样采购、怎么样仓储、怎么样配送,这些环节非常复杂。所以,我们花了大量的精力在打造我们的后台管理系统、供应链管理系统。我们有多个专利,还有一百多个软件著作权,我们自己还开发了一些项目,像供应商管理、仓库管理、采购管理、自动订单,还有营销管理、配送管理,开了十几条系统。这样让我们整个商务模式可扩。

中：那在你做的过程中,究竟哪个门槛对你们来说最难迈过?

于：我们遇到过很多很多的门槛,早期当然就是有资金的门槛,然后是怎么营销。1号店,你说突然打个1号店出来,顾客也不知道你是谁。同时,我们早期犯了很多错误,比如说我们按照那种线下的、传统超市的方法去营销1号店,我们发现,我们发海报,我和刘峻岭自己还发过很多的海报,在地铁站发海报,在小区里发海报,然后发现订单很

于刚说,1号店从开业到现在做得最好的一个决策是,把顾客体验这个指标和每一个员工、每一岗位的薪资、奖金和提成挂钩起来了。2011年年初具体落实这件事的时候,顾客体验指标是84.4%,目前是92%。具体如配送员,考核其配送的及时率、成功率以及顾客的满意度;对于客服,考核其一次问题的解决率、顾客满意度以及问题的完整解决率;对于产品部,考核其缺货率、周转率、产品的丰富度等。这些考核不是内部来做,而是聘请第三方机构来实施,以保证数据的公正性、准确性。另外,1号店也非常注意顾客的不满意度,也就是顾客对1号店不满意在哪里,看帕累托图,以求改进。

少,我们很着急,说怎么回事。大家下的订单,多数也都是从电话进来的订单,而且买的商品全是你海报上面那些折扣很深的劲爆的商品。这对我们的发展是不利的。

中:那个阶段是不是很抓狂,自己的钱已经投进去了,但是好像路走得是不是对还不确定?

于:对,当时确实有一阵子在摸索,一发海报,下去那阵子,销量哗上来,结果海报一过,没有了。一发出来又上来,然后又下来。顾客也不上网来购买,这样我即使网上有上万种商品也没用。

中:没人来。

于:完全行不通。后来我们学习怎么样在互联网营销,实际上我们有很多的创新。我举个例子,我们最早是跟门户网站合作,我们跟新浪合作。新浪那时候它有一个家居的频道,说是家居部,然后我们就合作,实际上家居购物是新浪的,但点进去是1号店。因为我们1号店当时没有品牌,但是新浪有品牌,它的会员对于新浪有忠诚度、有信赖,对1号店则没有这种信任感,但是在那种环境下,让顾客看到家居购物,他会更有信心来下单购买。当时是效果不错。

避免竞争,不可能

中:那我们再谈几个当下可能在业内比较关注的问题。

我们看到,很多在电商领域做的人都会遇到一个非常头痛的问题,就是抱怨说自己的这个毛利率太低了。这是不是让你感到痛苦的事情?

于:不,(这里)很容易产生一个误区,像数码或者是IT的产品,都是价格很高的,是不是它的利润更高?实际上超市的产品它的利润并不低,平均一个超市的话,一般利润率都在百分之二十几。所以说我们卖薯片也好,卖电脑也好,卖电视也好,实际上从利润率来讲,超市产品它并不低的。

> 百货业的挑战一:毛利率太低?

中:我们看到目前比如说像京东网、新蛋,包括像当当、卓越,它们在电器方面的销售,价格战打得非常厉害,几乎没有利润。从家电业来看,未来百货业恐怕也很难避免这个价格战。你对所有的这些战斗,尤其是发生在未来的战斗,是不是做了非常充分的准备呢?

于:做所有的事情,竞争都是你必须经过的一条路。你要想完全避免这个竞争,是不可能的。所以,我们只是说,怎么样让我们迅速能够到这个量,能够有议价能力。另外一方面,实际上这也是我们顾客的需求。就是我们实际上很难想象上大家电,上了一个星期几十台40寸的大电视就卖出去了。实际上当我们搭起这个平台之后,有了这个客户群之后,有了顾客的信任之后,几乎是你放什么东西都能卖。

> 百货业的挑战二:容易陷入价格战?

> 于刚说,电商的淘汰是必然的。因为顾客是有选择权的,谁可以真正提供货真价实且优惠的商品,他能看得出来。

2012年的电商可谓是混战一片,京东商城挑起战火,苏

1号店:请叫我"网上沃尔玛" | 157

宁易购正面迎战，天猫商城也不甘落后，砸钱进场参战，这价格战打得没完没了。2012年8月9日的《南方日报》刊登文章指出，对于价格战，于刚认为这不是正确的商业模式，不符合商业逻辑。"价格战是不对的，我不赞同价格战。"他说，电商应该做的是提供最好的用户体验，为用户提供价值，而不是价格战。"电商们热衷于价格战并不是顾客的问题，而是电商行业恶性竞争所导致的，电商们只有盈利才是硬道理。"2012年7月初，在成立四周年之际，1号店图书频道上线。于刚表示，1号店并不推崇不利于行业健康发展的价格战。但月底，1号店就在图书频道推出了"全场60万种图书5折封顶"的"史上最具规模"图书促销活动。

中：现在回头客占到你们整个客户里面的比例是多少？是大部分吗？

于：基本上80%—90%的顾客会回来，再重新购买。

中：那么去年（2009年）1号店的年收入是多少？

于：我知道你会问这个问题，这个是商业秘密。

中：那大概是一个什么样的数量级？上亿了吗？

于：应该远远不止。

从经理人到企业家

2008年，于刚和刘峻岭同时从戴尔公司全球副总裁的位置上离职,联手创立了"网络超市"1号店。性格迥异的两位创业者平时在共用的办公室开会讨论正事之余,还会在那里切磋高尔夫球技。

中:你和他是怎么认识的?你和刘峻岭通过什么样的方式走到一块儿的?

于:这个还是刚加入戴尔的时候,用峻岭的话说,就是他去见迈克·戴尔……

中:戴尔的创始人迈克·戴尔?

于:对。迈克·戴尔(对他)说,我们最近刚从亚马逊挖了一个很厉害的华人,你一定得去见见他,然后他给我打了电话,又约我吃饭,然后我们才认识,(我们是)这样认识的。

中:今天创业成功要感谢迈克·戴尔?

于:对,得感谢他。

中:你和峻岭在戴尔的时候,我们感觉你可能经常会去质疑别人,因为你有权力,在这个位子上可以去质疑别人。可是你们现在创业了,反过来有很多人会质疑你们,比如说你们在遇到风投的时候,很多风投就会用非常犀利的问题,来问你们的商业模式,来问你们未来对于商业前景的一个判断。这个前后感觉上是不是很差,会不会有大的变化?

于:我们理解,就是他们要问我们,特别是质疑我们,说我们是企业的高管,从一做到十是可以的,从零做到一是他们不信任的,觉得我们好像缺一些创意,缺一些这种把(企业)从无到有做成的(经验)。接过别人现有的盘子,把这个盘子做大,他觉得我们这种能力是有的。从无到做到有,他是有质疑的。

杀鸡用牛刀

中:您刚才说一个后台管理,说到一个系统,说到一个技术,这种情况,或者说你拥有的这些东西,似乎不应该是独一无二的,别的大的商务领域的公司也应该有能力办到这些事。为什么你把这个叫做自己的核心竞争力?

于:关键就是说你做到多好,很多时候是你的执行力的问题。我觉得我们有一点可以跟大家分享,就是我一直有句话叫"杀鸡用牛刀"。我们从上线的第一周就开始用那个很数据化的商业回顾。

中:就是在创业初期,可能只有几十人的时候,你就引入了非常完整的指标和制度来进行管理?

于:是,当时大家都不理解。

中:你这把牛刀可能太大了?

于:太大了,说你这都是戴尔、亚马逊的做法,你看我们就这么几杆枪,这么几个人几杆枪,商品就这么一点。所以,不需要搞那么复杂,(实施这些制度)我还得统计数据,我还得查看大量的细节,计算啊,分析啊。

中:我们还听说一个小例子,说您的下属还会抱怨说,在于总面前做报告的时候,千万不能说我很满意,要说我100%满意,我90%满意,或者85%满意,要用一个非常标准化的数量化的方式来表达,是不是这样?

于:是这样子的,我们有几个词在我们企业的字典里面是要把它删除掉的。

中:哪些词?

于:"我努力","我尽量",这个月比上个月"有显著地增长",所有这些词都太虚。所以,一定要讲我什么时候要完成一个什么样的目标。我这个月跟上个月,从多少上升了百分之多少,达到多少新的量。这样就把所有的东西都量化了,同时我也会非常清晰,你说我马上给你回答,这个"马上"是什么概念?是今天还是明天,还是下个星期?我们给顾客要回答说,这个事儿我现在马上问产品部,那么我半个小时以后就会给你答复。

中:所以,是不是可以这样理解,像"牛刀"这样的制度,有助于执行力在公司从上到下很完美地传达下去?

于:这形成一个文化,就是一个很务实的文化。所有做的决策都是有根据的,有根有据的。

中:你曾经告诉我,在创业初期,面对三十多个公司的同事,你给他们画了一个大饼,这个大饼其实就是你描述给

他们公司的愿景,那我们今天特别想问您,您给自己画的大饼是什么?您对您个人的愿景是什么?

于:我和峻岭都这样认为,我们一定要做一个受人尊重的企业,受社会尊重的企业,受员工尊重的企业,受其他企业所尊重的企业。我觉得这个企业首先要有诚信,电子商务也是如此,虽然它是虚拟的东西,看不见摸不着,但它一定要有诚信,顾客相信你。我们在企业里面也一再宣传这个,包括我一直用一句话:握手就是承诺。所以,你要跟我握了手,你要相信这比你跟我签了合同还重要。

中:那最后就以握手来结束今天的访谈。

于:好的,谢谢你,谢谢。

2012年的价格战,1号店基本是作为旁观者置身事外,看得有些超然,评论时似乎也有些无关痛痒。但是,如果真的出现强有力的竞争者,与1号店的产品同质化,打到1号店店门口的时候,1号店会不会还像现在这样泰然自若呢?在电子商务领域,1号店现有模式究竟能够使其走多远?

携程

——老大的反击

老大携程遭遇对手群攻合围,在线旅游业平地起惊雷
范 敏:任何消费者都希望厂商、商家每天都在打(价格战),打得越狠越好,最后"满血"变成"吐血"。

什么是携程模式的升级之痛?行业老大的下一张牌又该怎么打?
范 敏:如果说是阴谋论的话,那可能是项庄舞剑,意不在我,意在其他人。

敢和老大抢市场,对手们的信心来自哪里?
《中国经营者》:因为他们老觉得说,他们和携程比起来,似乎他们的模式更轻盈一些。

庞大的呼叫中心、越来越多的线下业务投入,会让携程不堪"重"负吗?
范 敏:任何一个公司,要标榜自己不做线下业务,或者是不懂行,或者就是在欺世盗名。

范　敏　携程网原CEO，现任董事会副主席兼总裁，兼任携程旗下负责旅游相关业务的携程旅游控股有限公司董事会主席。

2012年注定是中国互联网颇不平静的一年。除了京东、苏宁易购等电商间雷声大、雨点小的价格战外,一向风平浪静的国内在线旅游市场也突然掀起了一场血腥的价格战,其深度、广度、烈度都远超电商大战。从2012年7月起,携程宣布投入32亿人民币,进行为期一年的低价促销。5天之后,同程网宣布豪掷9000万"跟进"。去哪儿网则宣布投资2亿,向所有旅游在线供应商免费开放其旅游服务平台。而携程的凤敌,行业老二艺龙网,更是祭出了"比携程永远便宜一块钱"的杀招。

表面上看,这场价格战是由行业老大携程发起的,时任携程CEO的范敏宣布,董事会给了他5亿美金的授权,专门用来打价格战。其实,任何一个企业都不会主动卷入到这种杀敌一千自损八百的价格战里去,范敏砸下重金,豪气背后一定有他不得已而为之的苦衷。这位行业老大的苦衷究竟是什么?真金白银的投入,必定是希望引发市场格局的巨大变化,这种变化又是什么?全力投入价格战的行业老大携程,又能否笑到最后?

打价格战,携程最有资格,也最有优势

《中国经营者》(以下简称"中"):前一段时间携程有一些大规模的行动,包括各个产品密集地推出,包括现在5亿

美金的价格战。

范敏(以下简称"范"):大规模促销。

中:这之前还有一个背景,我们不能忽视,就是携程连续九个季度增长是比较乏力的,它的利润率的增长一直在下滑,股价一直在走低。这些原因在哪儿,我不知道您分析过没有?

范:就是这个一年左右的时间,在线旅游服务市场整个竞争的格局发生了一个比较大的变化。这里面的变化有非常明显的价格战的因素,同时,现在越来越多的相关行业的从业公司看到携程这十多年的非常好的发展,也都非常希望在在线旅游服务行业能够分一杯羹。

最想分到这杯羹的人叫崔广福,他是携程在酒店预订领域的最大竞争对手——艺龙网的CEO。早在2009年,崔广福就率先挑起价格战,推出"预订酒店返现金"的促销活动,其后又推出酒店团购等新模式。直接现金返利和一系列创新营销极大地刺激了市场,艺龙已经连续九个季度订房增长速度超过携程。那么,面对艺龙的步步紧逼,携程为何沉默长达三年之久,才在2012年突然加入这场价格大战中呢?

范:我可以和你说个非常有趣的行业的真相。如果说我们的竞争对手打了两年价格战,OK,打了两年,它的毛预订(增长率),同比成长是比携程相对来说高不少。

中:什么叫毛预订?

范:毛预订(增长率)就是它的预订量同比(增长率),但是可能有相当一部分成长是虚假的繁荣,就是说你是通过……

中:不赚钱。

范:通过送券不赚钱的办法赚了很多吆喝,然后提升了自己的市场的覆盖。以往这个(市场)比例,对携程来说(威胁)还不是太明显。但是,每一个事情都有一个平衡点。如果我感觉到,你这样一个(增长)比例可能真的影响到消费者的一些认知的话,那么在这个点上,我们就不得不去打一场更狠的价格战。我认为,如果要在旅游服务行业打价格战的话,携程一定是最有资格甚至是最有优势的。我们大概有八九个亿美金的现金,你打价格,可以打N年都打不完。所以,如果说整个行业因为价格战的因素,在市场格局可能会发生非常显著的变化的时候,那携程确实要毫不犹豫地站出来,要反制价格战。

中:我很好奇,就是你这八年,号称五个亿(美金),要怎么用?用在哪儿?

范:我们这五个亿(美金)是一个大的数字。从整个营销来看,我们并不仅仅是说我们有酒店这样一个返券,酒店提供优惠这样一个运作。我们最近在旅游度假产品方面,比如说我们有一元接机活动,也就是花一块钱你到一个地方,都可以享受接送机的服务。这听上去是一个价格战,但事实上是我们把很多成本做有效的整合。甚至于说,价格战我认为在任何行业都一定是一个遭遇战,是一个阵地战,最后决胜一定还是靠价值战。

中:打价值战,不简单是价格战?

范:对,我想这是携程和其他很多业内同行或者说竞争对手不一样的定位。也就是说,携程的定位是,我是一站式的服务机构,我不是仅仅只提供一个产品。我并不是一个"单兵种"的布局打仗,我是一个"全兵种"的"海陆空"的立体的布局。

"满血复活"还是"吐血而亡"?

携程早年凭借酒店预订和机票预订"一统江湖",并将优势向旅游度假产品延伸,试图凭借业务间的相互支撑,成为"全能型冠军"。在携程的压迫下,竞争对手采取了收缩战线、单点突破的战略。比如艺龙的目标就是这简单的六个字:订酒店,用艺龙。

中:我知道您刚才说有人"单兵突进"指的是谁。因为我们都知道,艺龙也是很早做旅游在线服务的一个厂商,携程也曾经把它打得挺惨的。但是,大概从2007、2008年崔广福上任了以后,艺龙现在又有点"满血复活"的味道。本来它是一个综合的、大而全的服务提供者,后来它发现我打不过携程,那我干脆都砍了。啪啪啪,最后它就保留酒店(预订业务),现在它就做一个酒店(服务)提供者。

范:但它"满血复活"有一个节点,这个点恰恰是从送券打价格战开始的。在那个点之前,这个成长性是远远不及携程的。我相信,任何消费者都希望厂商、商家每天都在打(价格战),打得越狠越好,最后"满血"变成"吐血"。但是我想,说老实话,任何一个行业的健康成长,光靠价格战是不够的。

中:它(艺龙)其实想得也挺简单的,就是说所谓"逐鹿中原",就是"中原"是最重要的一块战场。它分析了在线旅游整个的战场以后,认为酒店是这个旅游市场的"中原",只要抢到这个"中原",以后其他东西就好做了。所以,它就打这一个点,这是它的一个逻辑。

范:很清晰地说,现在的消费者需要的不会说是一个单纯的单项服务。我们携程一年服务四千多万人次,他(消费者)需要的服务,不会单纯就只是订一个酒店。订酒店的同时,他非常可能要订机票;他订机票之后,可能非常需要有一个(机场)接送。如果说一个公司能够在酒店、机票和旅游服务,包含地面服务,进行全方位的这样一个资源整合的话,你能够为消费者带来我们所谓的"Barging Power"(议价权），就是你让资源方让利给消费者更多的能力更强。

中：我之前特别飞到北京去问了崔广福（艺龙 CEO）关于这个价格战的事情，他说他会联合中小的 OTA（在线旅游网站），他说我给你们开放我的后台，开放我的库存，我们一起（采取）群狼战术，一起来攻（携程）。

范：问题在于，打价格战是一个企业自己的策略定位。你如何去联合你的竞争对手？我感到这是另外一个话题。在这个市场上，没有必要说你要联合谁，去打败谁，这个话说得过了。在这个市场上，你应该说，你如何能够更好地和你的竞争对手在一个合作竞争的环境下做出你自己的特色，能够使你自己成长得更快。

中：现在也有人说"阴谋论"，说携程打这个价格战，其实实际上是巨头打架，死的都是那些小 OTA，最后市场可能因为这个被清理了一遍，那么携程又恢复了对价格的掌控权，它到时候可以再把价格提上去。

范：如果说有阴谋论的话，我认为，打价格战的始作俑者说要联合一批中小玩家，那可能是个阴谋论。说老实话，这场战争打出来，如果说是艺龙打出来的，它可能把携程打败吗？这是不可能的。它打了这个价格战，只有可能把其他中小 OTA 打败，或者让人家没有生路。所以，这个话是非常矛盾的。换个角度说，如果今天可口可乐和百事可乐打价格战，已经不可能有任何中小的碳酸饮料（厂商）生存的空间了。他们只要把每一瓶可乐降到五毛钱、三毛钱,人家就都不用活了。

中:基本都死光了。

范:基本死光。所以,你说崔广福的这个逻辑成立吗?某种角度来说,打这个价格战,如果说是阴谋论的话,那可能是项庄舞剑,意不在我,意在其他人。因为做"千年老二",能不能一直做下去?(它)可能会被其他很多中小竞争对手挤压。所以,你说我们最近的一个竞争对手要通过打价格战打败携程,这句话我是不会相信的。但是,通过价格战来打第三名、第四名、第五名,这个或许有可能。

"鼠标"还需配"水泥"

成立于1999年的携程,是国内在线旅游预订市场的绝对"一哥",最大特色是它的"鼠标+水泥"模式。在携程,"鼠标"是指线上互联网预订平台,而"水泥"则主要体现为线下大型呼叫中心。现在携程呼叫中心的员工达8000人,半数以上的预定通过这里完成。而它在江苏南通面积8万平方米、拥有12000个坐席的呼叫中心一旦建成,将成为全球最大的旅游服务呼叫中心。

和携程这些年重金布局线下相比,对手们则是大规模压缩呼叫中心,重点发展线上预定。在他们看来,携程作为一家互联网公司,分量"有点儿沉"。

中:很多业内人士担心说,这样的话(布局线下),是不是在这块的成本就是成为一个"很重"的东西,一直压着携程?

范:我给你一个非常好的例证,任何一个竞争对手都会说携程可能是比较"重"了,我们的老对手艺龙,你去看它每一年的净利率或者毛利率,和携程不是一点点的距离,你如何去解释?实际上这里面有一个非常重要的区别在于,在中国Offline(线下)和Online(线上)实际上是一个整体,是不可分的一个整体。什么叫不可分的整体呢?如果说你有那么大的一个业务预订量的话,你一定要有非常有效的Offline的支撑。O2O,这是最近这一两年非常热门的一个单词,也就是"Online To Offline"(从线上到线下)。所以,你可以看到,现在有越来越多的线上公司实际上是在线上互动,在线下运作。即使说淘宝,百分之百的Online,对不对,淘宝也在做投资,也在做配送公司。你说京东……

中:他们没有做配送公司,做的是各地的仓储中心。

范:对,仓储中心。你京东也好,凡客也好,都是这些年来非常瞩目的电子商务公司。它在各地的仓储中心的投入非常之大,比如说凡客,它在各地有自己的配送,也有外包的配送。这些Offline的工作,你是不可能避免的。所以,任何一个公司要标榜自己是百分之百 Online 的电子商务公司，不做线下业务，这个人或者是不懂行，或者就是在欺世盗名。像在美国那么优秀的亚马逊这样的公司，它的仓储公司之大，它的整个在线下打造的这些体系之强劲，是我们不可想象的。今天很多人说，携程你有 Call Center（呼叫中心），你有那么多人。这恰恰是因为我们携程整个网上运作在不断地提升，我们的市场份额在不断提升，需要有那么多 Offline 的支撑。可以不谦虚地说，携程是电子商务企业最早的一批做 O2O 模式的企业。这个 O2O 模式，就是你如何解决客户最后一公里的问题，你如何能够让客户在售前售中售后都得到完善的一个服务的支撑。这也是为什么我们要有一个非常有效的呼叫中心的原因。

没有金刚钻，不揽瓷器活

除了超级呼叫中心是携程线下的"重"投入之外，它还借助酒店和机票预订的既有优势，将战线延伸到更为庞大的度假旅游市场。从 2009 年开始，携程大举收购酒店和旅行社，并在三亚、丽江等多个热点旅游目的地实施落地服务。这块业务也是范敏未来最为看重的，连续四年的平均增长率保持在 60% 以上。2011 年，整个携程的营收是 37 亿元。范敏希望未来旅游度假业务可以突破百亿规模，但增长意味着更多的"地面战争",难度不容小觑。

中:那么它的主要难度体现在哪里?

范:主要的难度还是体现在,你如何去做有效的 O2O 的布局。比如说驴友要到丽江去,在到达丽江之前可以看网上有多少选项是可以用的。比如说你可以接送机,你可以安排丽江的一日游、两日游,你可以安排从丽江出发,再去其他地方游玩。你在网上可以做功课,然后你最后决定订还是不订。这个就不只是单纯的订一个房间、订一个机票的公司能够解决的问题。

中:订一个打包产品?

范:订一个打包产品和服务,然后我要在当地能够确保比如说他要买的门票确实是有的,我要有人(把门票)给到他;他要去享用的这个一日游、两日游产品,所有服务的体验,包含车辆,是和我原来的约定是一样的。那就是一个 Offline 的资源掌控的能力和资源调配的能力。所以,你光是网上订了一个产品,最后实现,实际上是决战在 Offline,实现在 Offline。

中:如果能够做到的话,我相信一定是的。但是,听上去这是一个非常复杂、很庞大(的系统),有大量线下的公司支撑,有很多人员的配备,然后有复杂的流程来控制,你不觉得这是一个非常长的链条?

范：这就是为什么我可以非常负责任地跟你说，全中国真正意义上的一站式的 OTA，也就是携程一家而已。你能够提供完善的酒店预订、机票预订，你能够提供完善的度假产品预订，这个确实是没有那个金刚钻，你没有办法揽这个瓷器活。这也是为什么酒店、机票这个领域都已经整合了，都已经很少有那些小的供应商就在马路上开个门店来做这样的服务，它已经没有竞争优势了。后面一拨你看到的，一定会是旅游产品、度假产品走向这一拨（整合）。而这一拨运作的难度是比较高的，比较有进入的门槛。但是，至少携程在这一领域里已经成为遥遥领先的一个运营商了。

中：咱们携程的战略应该是一个"全能冠军"的概念。那可能会不会有两个问题，一个问题是对你来说，你的战线就会拉得特别长，然后需要保护的领域特别多；另外一个对于对手来说，可能你就变成"全民公敌"了？所有的人都可能是合作者，他们一起来攻你，那这个仗怎么打？

范：对于整个业务运作来说，我们本身的定位，并不是我们要做一个"全民公敌"，而是我们要做一个全民的合作平台。这个合作平台，甚至于说不光我的资源方是我的合作平台（上的合作伙伴），包含我的竞争对手，也能够成为我平台上的合作伙伴。旅游度假对大家都是一个新生事物，如何在网上，然后在线上、线下联动起来，都是一个新生事物。

> 除了投巨资发展线下服务外，携程还打通了酒店、机票、商旅和旅行产品这四大板块之间的通道，互相助力使携程整体向前发力。范敏认为只有线上线下整合互动，才能为用户提供最好的服务体验，在未来发展过程中，胜算才会更高。

中：但是，就是你最熟的那个东西现在都已经有点"后院起火"的味道了。他们单项就来突（袭）你，然后在线下的业务，可能好多好多分散的旅行社实力也是很强的，可能都是单项的，不能说冠军，但也是强手。我觉得你这个仗打起来，真的是好像都得保住。

范：因为我们做的是垂直领域，所以我每一块都是互通的，就是我的酒店、机票和我的旅游产品都是资源相互支撑的。从某种角度来说，正因为旅游这几个板块是密不可分的，你如果做成一个全能冠军，你要在每一个单项上都是冠军。但是，你要在每一个单项上去和这样一个单项加全能的冠军去比拼的话，你一定要有一个更好的切入点、更好的竞争优势。否则，这个市场距离就可能真的一定是在那里存在的，那个（鸿沟）你很难去跨越。

中：现在战线拉那么长，你觉得如果要出问题的话，最有可能出现在哪里？

范：说老实话，我们现在每一个环节都扣得非常紧密，几乎很难解扣。我们每一个环节如果进入良性运转的话，实际上最后是形成一个"马太效应"，你会好上加好。当然，真正要做坏，只有可能是我们自己把这个事情做砸。也就是说，我们在整个酒店业务或者说机票业务的决策上出现了重大失误。但是，我想这是非常小概率的事件。

丧失了危机感？

2003年12月，携程在美国纳斯达克上市。2010年，股价一度攀升到50美元的最高点，此后便开始下跌，目前维持在20美元上下。

中：我最后一个问题，其实开始的时候，我一直想问说，这几年携程的走势相对来说放缓了，（这是）什么原因，但是您强调的主要还是整个大的环境的原因。其实，我更想听到的是一个自我审视、内省的原因。

范：在一个企业发展过程当中，你可能会发现，你有一些创新，你非常快地想把它推进出来，但是可能你在业务整合或者在整个技术开发当中还会碰到很多瓶颈，会碰到很多约束，然后你如何尽快地把这个呈现出来，这对每个公司来说，我相信都是一个挑战。

中：也有一种说法，说自从携程上市了以后，它的创始人纷纷离去，整个团队可能现在丧失了危机感，所以大家对于一些新的变化的反应速度变慢了，您怎么看这个评价？

范：我不同意说我们整个团队会丧失危机感，我相信，对整个竞争形势的变化，包含这一两年来新的竞争对手的很多业务的运作，我们都保持着非常密切的观察和研究。

对于携程这一两年的成长会有下降的走势,这个下降,实际上是说没有以往成长那么快。所以,如果说携程能够很好地打赢这场价格战,你一定会看到,携程在每一个领域都会依然焕发出全新的生机,能够成为业内的佼佼者。

中:希望携程越做越好,这是我们衷心的祝愿。

范:谢谢。

2012年11月,携程和艺龙相继公布了自己2012年第三季度的财报。财报显示,艺龙在连续12个财季盈利之后首次出现了净亏损,而携程则比前一季度净利润跳增了62%。短期来看,携程占优。但是,价格战一定不是制胜之道,这两年"老大"遭遇挑战的戏码不断上演:先是腾讯遭遇了"3Q大战",后来是百度被挑战之后开始了"淘汰小资鼓励狼性"。这些老大们面临的共同问题首先是"独木不成林",要向更高的境界迈进,必须构建起共赢的生态系统。其次,他们都面临要从大变小的问题,也就是如何在大平台下打造小团队,让组织更有小公司的精神。所有这些事例都在提醒我们,在价值迅速变迁的市场里没有谁是可以高枕无忧的。变革,是企业永恒的主题。

艺龙

——我是如何打痛老大的？

五年的时间,在线旅游行业进行洗牌?
崔广福:经过五年的竞争,携程已经被打下"神坛"了。

逐鹿"中原",直取"洛阳",艺龙企图称霸武林的独门暗器究竟是什么?
崔广福:凡先处战地而待敌者佚,后处战地而趋敌者亡。

放弃携程"鼠标"加"水泥"模式,做在线预订第一
崔广福:老大成功的那些方式不一定适合我们,我们要另辟蹊径。

搞促销,打价格战,携程利润下滑,艺龙甚至出现亏损
崔广福:如果我们艺龙追求的是小富即安,那我们就继续保持一个小幅的盈利,然后乐于甘当第二名。

崔广福 艺龙旅行网 CEO。

行业老二如何挑战老大?

2012年,在线旅游行业市场占有率超过50%的行业老大携程突然宣布,投入三十多亿、进行为期一年的低价促销。短短三个月内,携程就消耗了近三个亿的市场营销费用。其矛头所指正是行业老二艺龙。这里必须先要说一个背景,就在五年前,艺龙还是一家被携程远远甩在身后的公司,携程压根就不把它当做对手。短短五年后,艺龙增长居然迅猛到把老大携程逼上了价格战的战车,甚至价格战也无法遏制艺龙的增长势头。艺龙的口号是,做在线酒店预订第一。在价格战开打前,艺龙在这个单项指标上已经达到了携程的80%。五年里,老二艺龙到底做了什么才能上演这样的大逆转?现在老大警醒之后,老二又该怎么办?

收拾"烂摊子"

五年前,摆在崔广福面前的艺龙还是一个"烂摊子"。虽然艺龙和携程几乎同时创立,但艺龙比携程晚两年进入在线旅行预订领域,又经历了多次股权上的"折腾",最终它被美国最大的在线旅行预订网站Expedia控股收购时已是元气大伤。2007年崔广福上任前,艺龙整体营收尚不及携程的1/4,而且一年内换了三任CEO。

《中国经营者》（以下简称"中"）：为什么他们都像走马灯一样被换走了，而你最终留下来了？

崔广福（以下简称"崔"）：这个和天时、地利、人和不太一样，比如说一开始的时候，Expedia 并不认为艺龙已经落后了，是个第二名，然后采取的打法和携程的打法是一模一样的。包括它的 CEO 也是这么认为的，就是只要我跟携程做得一样，然后我比它做得更努力，有更多的钱砸进去，我就能比它做得更好。

中：你的意思是你前面的两位（CEO）都是因为……

崔：不服输，不认清现实，这个是 CEO 的大忌，就是没有看清自己的位置和形势。所以，依据那个作战的话，基本上就是不行。

中：我们仔细分析一下，2007 年你加入艺龙的时候，你说过，你看到了三个表象：一是客户流失率非常高；二是员工流失率非常高；三是不赚钱，就是净亏损。

崔：没错。

中：在这个表象下面，你觉得核心的问题是什么？原因是什么？

崔：因为我们采取的是一个跟随战，这就犯了兵家大忌，孙子讲："小敌之坚，大敌之擒也。"也就是小股敌人用大股敌人同样的打法，最终一定会被生擒活捉。所以，我来了之后就调整公司的战略。如果你是市场的挑战者，那么你

加入艺龙前，崔广福在宝洁中国有过 12 年的快销品工作经验，又在数码印刷企业联邦快递金考（FedEx Kinko's）任职 4 年，虽然并没有在互联网企业工作过，但他认为，企业在战略层面上都是相通的。

的品牌定位一定是要针对市场领导者的强势中的弱势进行定位。

专注做酒店预订

老大携程最核心的业务是酒店预订：它通过吸引商旅散客成为会员，再代表会员向酒店争取"团队价"，同时向酒店抽取佣金。在酒店预订上取得成功后，携程又把这个模式复制到机票预订等其他领域，在2007年，也就是崔广福履新艺龙的同年，携程已经确立了酒店、机票、度假、商旅管理四大板块，并制定了提供旅行一站式服务的"全能冠军"战略。此时的艺龙亦步亦趋，同样是四大板块，但在所有领域都被携程远远超越。

崔：携程那个时候已经做成那种一站式的服务了，就是它有酒店预订……

中：酒店预订，然后延伸到了机票预订，然后再把这两个加起来，进入了商旅和度假。

崔：没错。它是一个全产品线，它的定位叫做"一站式"服务平台。这就给艺龙的定位留出了空间和机会。因为它是"一站式"的，所以我们艺龙说，我们能不能专注于一个领域，再成为一个专业的公司？最终我们决定聚焦于酒店，成为酒店预订的专家,因此,我们这个品牌定位就是"订酒店,用艺龙"。

中:是,这个就是我的好奇了。其实,选择做什么的时候,最重要的是选择不做什么,那不做什么的逻辑是什么,你能不能分析一下?

崔:就是说我们一个企业怎么样把自己放在产业链里面最能增值的那个部分,来取得我们的竞争优势,来获取收益。如果从整个在线预订行业来看,我们会发现,上游的议价能力是不同的。

中:你是一个分销商?

崔:对,我们是分销商。上游越多,就是供应商越多,我们的价值越大,分销价值越大。如果上游越集中,我们的分销价值越小。所以,依据这个原理来看的话,火车票显而易见就没有分销价值,因为是垄断的,只有一家。如果是飞机票的话,上游是三家航空公司,占了80%的市场份额,这对我们来说,现在还赚钱,但是未来可能就不确定了。酒店不一样。中国有30万家可以住宿的单位,最大的酒店连锁集团还没有超过1000家酒店。上游的这种分散使我们艺龙有了分销的价值。所以,我们选择了酒店预订作为一个突破口。

中:然后其他的你就大胆地砍掉?

崔:对。我们就砍掉了公司差旅管理、度假业务,然后减少对机票（业务）的投入，所以，战略的意思就是说决定做什么和不做什么，实际上是一个取舍的过程。

聚焦于线上

除了砍掉其他业务，专注酒店预订，崔广福在战略上要做的另一个取舍，就是要不要放弃携程的"鼠标＋水泥"模式。老大携程虽然是互联网企业，但它有大量的传统业务模式，比如通过在机场、车站派人发卡获得用户，借助大规模电话呼叫中心提供服务等，在网络环境不健全的时期，这些人海战术的"水泥型"模式曾经帮助携程取得成功。但在2008年那个时点上，崔广福认为，自己必须另辟蹊径。

崔：虽然那时候我们的网上预订只有10％左右……

中：只有10％左右？

崔：对。但是，我看到了未来。为什么？我在2001年到2003年的时候是在美国宝洁公司总部工作，（住酒店）都是网上预订的。所以，我认为，美国的一些生活方式、交易习惯一定会在中国发生。我认为网上预订一定是未来。当初携程是被神话了，就是携程做的就是对的，我们其他的人就要复制它的模式。

中：因为它已经证明了它的成功。

崔：没错，但这就是我们市场挑战者要避免的东西，就是说老大成功的那些方式不一定适合我们，我们要另辟蹊径。正如一个伟大的冰球运动员曾经说过，你要打好冰球，你不能追着冰球跑，你必须预判那个冰球将滑向哪里，然后向那个地方去滑，你这样才能够打到那个球。所以，过去使携程成功的因素，不太可能使市场的挑战者成功。这就是我们对此的解读。

中：这番道理我觉得是很正确的。但是，在当时肯定是有一个时机的判断。因为你只有10%的（在线预订）量，也就是90%可能还是来自于传统的方式（呼叫中心），你怎么就能够（预判），能赌对这个时机？我觉得这个很关键，因为一不小心就成"先烈"了。我想问的是，这更多的是运气的成分，还是你的一个判断的成分，或者是当时不得已的一个（选择）？

崔：首先是有运气的成分，这不能不承认。所谓古时候人讲的，谋事在人，成事在天，这个"天"就是时机的问题。有时候这个时机没对，你先走了几步，你就成"先烈"了。恰好那时候艺龙就赌对了。我就决定，我们不应该再继续大幅度地投入呼叫中心，也不进行再多的技术的升级，而是应该把这个钱全部投到互联网上，把我网站的体验弄到最好。我们网站持续地增长，最终会取得更好的成绩。

中：等于说你把呼叫中心那块业务虽然保留，但其实不发展了，你把你剩下的所有资源聚焦起来，聚焦到向新方向上进攻。

崔：（聚焦到）网站上面，是这样的。

中：我还有一个好奇，你当时是给整个公司设定了一个目标，这个目标叫"在线预订第一"，对吧，为什么不是浓缩了资源以后，做成"酒店预订第一"？当然，这也许是你未来的一个目标。

崔：当初的这个判断是什么呢？我们认为，酒店预订相当于是整个在线旅行预订里面的"中原"一样，那么在线酒店预订将会是"洛阳"，谁取得了"洛阳"，谁就取得了"中原"，谁取得了"中原"，谁就能最终取得中国。所以，我们艺龙的战略叫做"在线酒店"战略，就是要直奔"洛阳"，心无旁骛，不要搞那些很小的业务，不要有太多的包袱，要轻装前进。

打"侧翼战"

2007年崔广福接管艺龙后，宣布艺龙要做"在线酒店预订冠军"。为此，他砍掉了商旅和度假业务，压缩了机票预订，把资源聚焦在酒店预订这一个业务上。同时，他取消车站派卡、缩减电话呼叫中心等传统模式，专注于用互联网获取客户和服务客户。夯实基础后，崔广福开始在创新营销方式和拓展酒店资源这两个方向上发力。艺龙最早开展团购业务,目前它的团购业务量已经是携程的3倍。同时,艺龙大规模签约低端酒店和客栈。崔广福声称,他的酒店签约量已经超过携程。

中:其实,你打的一个市场是携程之前不愿意打的一个市场。比如说客栈,比如说一些低端的酒店。因为那个酒店可能产生的效益非常低。

崔:没错。

中:你是为了(实现)把量冲上去的这个目标,还是说你看到了什么趋势?

崔:我们要采取的就是"侧翼战"。这个"侧翼战",以艺龙举例来说,就是我们先是绕开了携程的大城市、大酒店,扩展到中小城市、中小酒店,那个地方并不是它的强势地方。所以,我们在中小城市、中小酒店上面的产量,现在跟携程是相当的。在某些地方,我们还有优势。携程当初的正面战场是呼叫中心,我们绕开它的呼叫中心,打"侧翼",打网上预订。所以,这个"侧翼战"是非常重要的。如果说是"农村包围城市"可能过了一点,但基本上……

中:有这个意思。

崔:就是往下走,往深走,当携程还在上面的时候,我们往下、我们往广发展。所以,这是我们的一个策略性的打法,就是说比携程覆盖的酒店更多。因为我是成为"酒店预订专家",我就要保证我的货最全,这是第一。第二,我要保证我的货便宜。那么怎么去给消费者一种(感觉),让他觉得在艺龙订,有优惠、有好处呢?我们经过反复的思考,最终决定引进预订的优惠券,给消费者优惠券,然后通过优惠券返现。

每个人都有机会

2009年,艺龙率先推出"订酒店 返现金"的促销方式。简单说,就是艺龙把酒店给它的部分佣金直接返还给消费者,这种方式极大地刺激了市场。通过多种促销手段,艺龙连续9个季度订房增速超过携程,并最终引发了老大的反击。2012年,携程开始宣布返现,价格大战全面爆发。根据携程和艺龙发布的2012年三季度财报,价格战让携程订房量增长40%,利润下滑了四成,而艺龙订房量增长70%,也迎来了12个季度以来的首次亏损。

中:现在有一个问题,就是咱们艺龙第三季的财报(显示)是亏损了三千多万。我不知道这个方面会不会对你有压力,就是董事会肯定对你有期许,期许你把这个(市场份额)做上去,但肯定不期许你有这样的亏损,或者说持续的亏损?这个方面,我不知道你是怎么看它未来的?

崔：克劳赛维斯曾经说过，谁追求积极的目标，付出更高的代价也是自然而然的事情。如果我们艺龙追求的是小富即安，那我们就继续保持一个小幅的盈利，然后乐于甘当第二名，那也是一种打法。但是，如果我追求的是事实上的第一名，那么我就要持续地投入。

中：你的意思是不是说，第一，董事会有进行长期亏损的准备；另外，是不是你低价格的这种做法还会继续下去？

崔：首先，我们的董事会、我们的股东，包括 Expedia，对我们艺龙追求酒店预订第一名这个战略目标是高度认同的；第二，现在我们是挑战者，我们要做出更大的投入，才有可能成为市场第一。所以，在未来，我们艺龙会采取更加激进的市场营销的方法。

中：更加激进？

崔：是，更加激进的市场营销方法。当然，我们也希望我们的竞争对手不采取比如说像垄断型的做法，比如说像封杀、排他这样的一些做法。如果竞争对手继续在这条路上走，那我们不单要在酒店上去搞价格的竞争，而且要在机票上搞价格的竞争，就是在机票上也要返现。

中：你能不能把这个逻辑给我讲一下，就是在机票上你怎么进行价格竞争？

崔：也是优惠券返现，比如说你在北上广深这四条航线上，这都是商务城市，中国大概是……

中：主要的商务城市？

崔：对，主要的商务城市，商务客人都是在这几个城市之内穿梭。每一个航线，我可能就给你 50 块钱的返现，每一段返 50，往返可能就 100。

中：等于你佣金不要了。

崔：对，我佣金不要了，我就把这个钱全部返给消费者。当然，我现在机票的量非常小，它也不是我的核心生意。但是，我们认为，它是一个强有力的武器，可以让我的竞争对手不赚钱。如果它不理会我，那就是另一个酒店的故事了。因为五年前，我的酒店也是携程的 1/5，现在我已经很大了。机票我也可以采取同样的方法，就是我希望机票拉动这个商旅客人到我这儿来预订。

中：如果它不理会你，你可能会重写酒店的这个蚕食的战略。如果它理会你的话？

崔：它就要损失掉很多的钱，因为……

中：因为它的量比你大多了。

崔：对，比我大多了。虽然携程有很多的业务，看起来很美丽，但是，它真正赚钱的业务就是酒店和机票。

中：但是，我个人觉得你这个逻辑不是特别成立。原因在哪里呢？就是机票和酒店其实是两个不同的故事，机票的集中度是非常高的，你刚才也说了，三家（航空公司）就掌握了 80% 的市场份额。OK，你小规模地进行骚扰，你返现，不影响它的价格体系。但是,一旦你的规模越来越大,会影响到航空公司自己的价格体系的时候,可能它(航空公司)首先就把你叫停了。这也是为什么携程到目前为止都还没有跟进你的原因,它一定知道你这个东西是玩不转的。

崔:我是个战略的威胁,我也不希望在机票上面有什么多大的作为,但是这个威胁是真实的。而且航空公司肯定也不希望看到艺龙撤出机票这个分销,它反而希望看到我在机票分销上有所作为。

中:反正你能骚扰它。

崔:希望作为市场领导者,携程能够采取一个公平的、开放的市场竞争的态度。如果它想摧毁别人,那么我们也摧毁它的价值。

中:范敏(携程董事会副主席兼总裁)在我们的节目里也说了,你主要是用让利的手段获得成长。但是,这种让利最后对你企业本身的可持续发展以及这个行业的健康未来可能不一定是有好处的。我个人的理解,价格战其实是把整个行业的利润空间搅乱了。现在中国的电商就是这样,大家打价格战,打得血海一样的,最后发现说,消费者习惯了,谁的价格也提不上去了。

崔:这些都是杞人忧天,市场自然会找到它自己的方向。

中:换句话说,你其实没有认真地考虑过这个问题,我能这样理解吗?

崔:那不是。我的认识是说,随着竞争造成的新的均势,新的营销方法自然会出现。新的竞争格局出现之后,也会促使双方对价格战重新地考虑,市场自然会解决这个问题。

中:我相信你肯定接下来会有新的创新的举措。但是,我心里也有这样的一种忧虑,之前可能携程对你是开始是看不见,后来是看不起,但是现在它已经开始重视你了,它的重心已经移回来了。如果这样的一家企业把你定为对手,然后开始资源投入,会不会对你很多很多的战略(实施起来)变得很艰难?

崔:首先,如果要战胜对手,对手得犯错误,尤其是第一名得犯错误,那么你才能有机会战胜他。如果第一名不犯错误,那么你很难战胜他。但是,第一名有太多的疆域要防守,他有太多的敌人。比如说携程在度假领域里面,(敌人)可能是中青旅、国旅,或者是其他的度假旅行的服务商,还有途牛。它们是不会放过跟携程去竞争,去打仗的。携程必须得分兵、分资源,去守它那一块。去哪儿(携程)要不要担心?其他的度假产品的公司要不要担心?

中:从理论上说,我是赞同你的说法。但是,从实际上看,携程一个事业部整个的规模和它调配资源的能力甚至可能都大过你艺龙。从事业部的角度来说,它就是在专注,

凭什么说因为你专注了,所以它就打不过你呢?

崔:携程和艺龙之间最大的差异化是这两个公司的战略和定位不同,携程是一站式的服务,它在消费者心智网格里面已经划牢了,它是全能冠军。艺龙希望在消费者的心智网格里面划出一个新的格子,这个格子就是"订酒店,用艺龙"。所以,真正的战争不在资源上面,而是在于如何争取到消费者在心智上的认知。

中:你是说从品牌认知上?

崔:品牌认知上。

中:携程是不可能盯着这个点去做?

崔:它不可能做广告说,携程旅游网,酒店预订专家。那它的机票怎么办?它的度假怎么办?它的差旅怎么办?它订火车票怎么办?订餐怎么办?

中:所以你要改变的是消费者脑子里面的这个认知。

崔:是,消费者脑子里面的认知。我们现在所有的广告都非常简单,最后都是"订酒店,用艺龙"。

中:你作为老二企业的领军人物,也跟这个老大打了好多年,你现在能不能给观众总结一下你认为最重要的经验或者教训?

崔:第一条就是你一定要针对市场领导者的强势中的弱势进行差异化的定位。"订酒店,用艺龙",就是我们的差异化定位。第二,竞争对手可能有几个重心,但是你要找到它最重要的重心,如果你打掉它的重心,它就失去平衡,它就垮掉了。最后一点,一定要在决战的战场上面集中地投入最优势的兵力,以取得胜利。

中:对你们来说,这个决战的战场是哪儿?

崔:就是在线酒店预订。最后一定要坚定信心,就是说老大一定会犯错误,老大一定会给我们这些挑战者机会,因为这就是市场的规律。我们抓住这个机会,就一举能够做到在某一个细分领域里面的第一名,然后再抓住机会,再成为另外一个细分领域的第一名。我们都有机会,每一个人都有机会。

中:谢谢你。

在访谈过程中,崔广福对公司经营决策也发了一些感慨。他说好多商业上的战略决策,其实不涉及智力,比如谁都能看到在车站、机场继续派卡肯定不是未来发展的方向,但是好多时候决策涉及勇气,就是你敢不敢为了将来放弃短期利益。所谓舍得舍得,就是当你敢于和善于做减法时得到的将会更多。

乐淘

——电商转型和破局

2011年,一段视频让他一炮而红

毕胜:我最近听到"电子商务"这四个字就比较恶心。

他是哗众取宠,还是"皇帝新装"里说破真相的孩子?

毕胜:垂直的这种电商是一个骗局。

毕胜:你的企业是否被资本方认可,不是我毕胜一个演讲说了算的,而是你的财务报表。

如何打造品牌?如何统一军心?

毕胜:我觉得,这个我们也是摸着石头过河。

毕　胜　乐淘网 CEO。他曾是百度市场总监，百度上市后辞职，2008 年创办乐淘网。正是这次创业经历，让毕胜意识到电商"水很深"。

2011年底,有一个电商创业者对外喊了一嗓子:电子商务就是个骗局!一下引发了强烈的震动。当时正值中国概念股在美国遭受质疑,电商大佬凡客诚品、京东商城上市受阻,所有电商企业都在价格战的红海里挣扎,所以大家都把这个人当成了"皇帝新装"里喊破真相的那个孩子。但是,电商的"宿命"是否就是不赚钱呢?

电子商务是个骗局?

以下内容是乐淘网 CEO 毕胜在 2011 年 11 月一次内部演讲上的片段。正是这番"电商是骗局"的言论,使他一夜成名。在网上疯狂转发他的演讲后,有不少电商同行都打电话骂他,说他是电商的叛徒;也正是他的这次演讲,使不少投资人开始梳理电商企业的财务报表,重新考虑投资计划。

> 我在公司内部提出了一个命题,叫做"电子商务是个骗局"。为什么这么说呢?从亚马逊开始一直到所有的电子商务公司,没有规模化盈利。我说恶心的原因是"男怕入错行,女怕嫁错郎",我觉得我入错行了。我先跟大家提个醒,如果说大家毕业了,或者已经是公司领导了,想做电商,慎行,三思、四思、五思而后行。我今天所讲的主要是血的教训。

毕胜（以下简称"毕"）：我受了很多同行的这种责怪，但是其实我是这么想的，你的企业，是否被资本方认可，不是我毕胜一个演讲说了算的，是你的财务报表，对吗？就两种可能性，第一，你能不能盈利；第二，你这个业务模式未来能不能盈利。当这两个问题的回答都是"YES"的话，没有资本市场的冬天；当这两个问题的回答都是"NO"，资本永远是冬天。

> 毕胜曾澄清说，他强调的"电商是骗局"理论，指的是纯粹的垂直购销类B2C网站。

毕胜创办乐淘网，是希望从鞋类这个单一品种切入电子商务市场，获得"局部胜利"后，再寻机扩大经营范围。2011年上半年，乐淘网已经从销售规模上做到了鞋类电商的第一名。但是，毕胜发现，即便是规模老大，在扣除了各种成本后，自己依然赚不着钱。他的"电商骗局论"就是在这时候产生的。

毕：我跟你算一笔细账，鞋子从一个订单开始，有多少成本在后面跟着。让用户知道这是市场成本。下了订单之后……

《中国经营者》（以下简称"中"）：市场成本你可以稍微少（算）一点。

毕：咱们就跟你讲，我给你列，你看我十个手指头数得过来不？用户购买的过程中有什么？有流量成本，你得靠服务器呀。然后你要把这个网站搭起来，有研发成本。好，通过你的数据传递，传递到哪儿呢？传递到了客服，叫做售前客服成本。然后再往下走才能是你的库房,叫做包装成本。你的鞋子在库房存着,叫库房的存货成本。卖不动,叫存货跌价成本。然后包装运出去,有物流成本。用户交钱的时候,有银行支付成本。用户收下了,没问题了,还会出现第 11 个叫售后服务成本。刚才是售前,这是售后。然后不喜欢了,有退货成本。退货的路上这个鞋丢了,或者他是穿了两个月才给你退回来的,叫货物损失成本。全套的这些东西,要有一堆的人给你干活,这是员工成本。所以,这已经是第 14 项了,我说两个手是数不过来吧。然后你还要向政府交税,有税务成本,而且政府的税还不低,17% 的增值税。你算算,15 种成本,你需要多少毛利才能把它摊平?咱们就每一项成本是 1%(来算),就是 15%,你的毛利率低于 15%,这个事就根本做不了。

中:一般的毛利率能有多少?

毕:我告诉你,传统零售的净利润率是 1 到 2 个点,毛利率到 20% 就已经很棒了。这还是传统线下没有比价的情况下,有了比价就只有 10% 了。作为商家唯一能控制的毛利,你都控制不了的时候,那是不是一个骗局?

中:既然上面提到的刚性成本无法降低,那能否通过提高客单价让公司盈利呢?

毕:你怎么做高客单价呢?同样一款鞋子,第一个叫做比价,就是你在上海,看了一双耐克,结果上海耐克卖 600

元,北京东方商场就卖300元,你会说算了。但是,在互联网上,一个鼠标一切换马上就出来了。第二个是比款式,你去淘宝搜"跑步鞋 耐克",啪,同样的款,翻五页你都翻不完。在线下你可以吗?你进去一个店,一个眼睛看到的货柜也就这么大,你没有办法比。所谓的做高客单价,是个伪命题。你根本做不高客单价,做不到那个客单价。

模式选择

毕胜看到,卖别人的品牌,无论如何都绕不过用户比价,因此做高客单价是个伪命题,最后卖的越多亏的越多。摆在他面前的发展道路有三种:第一种是像京东商城那样的网上沃尔玛模式——靠卖别人的产品吃进销差价;第二种是像淘宝那样的网络集市模式——自己不卖货,而是靠替商家提供基础服务赚钱;第三种是像凡客诚品那样,打造自有品牌。每一种模式要做好,都有它特定的难度。

毕:我跟你讲,电子商务公司,纯电子商务公司,它是一个技术公司,是个采购公司,是个仓储公司,是个物流公司、财务公司、客户服务公司,然后它又是一个支付公司,还是一个广告公司。它背得沉不沉?就是这些角色,沉不沉?很沉吧,有多少钱能够每个地方都撑住?

中：用投资人的钱？

毕：投资人的钱也不是白来的。看淘宝,技术公司、市场推广公司,它不管货、不管仓储、不管物流、不管发货、不管包装,它就两个,它打的是场人民战争,对吗？你家的客厅有可能就是它的仓库。我说得不夸张,对于一个小卖家来说,就是这样。

中：它的每个卖家也是自己做物流。

毕：对吧。所以说它们一起往前跑,它们在一起跑。还有我当时做百度,百度虽然什么都能搜得到,但是那些网页都不是它的。百度只有一个网页是它的,叫"baidu.com",那个首页是它的,剩下的都不是它的。

中：原来这些模式你都看得这么清楚,你为什么不往上靠呢？

毕：对,很多人质疑说,你是一个电子背景,不是个商务背景,为什么转型再做成商务,而不做电子了？太难了,这个东西。我跟您把咱们俩的话从头到尾捋一遍,你就会发现有几个难点。第一,用户不会记住那么多的域名。第二,你要想做一个平台商,做一个全品类的平台商,每个商品的评价体系、数据分析体系、转化率体系、支付体系、积分体系、晒单体系,甚至还有一个广告购买体系等等,你都需要去开发。而这些体系,作为一个平台有多少个模块？我相信连淘宝的CTO现在站出来都说不清楚。

中：你们转型还是只专注在鞋子上，而不是全品类扩张。

毕：是，我只专注在鞋子上。鞋子是人们的需求吗？是，是互联网上的第三大品类，一年有几百个亿的成交量。好，做鞋子对了吧，那怎么才能做到能够支撑你刚性成本的毛利呢？做自有品牌。我现在转型最后的目标就是这个。就是我首先能具备一个盈利基础，然后我又做一个比较大的品类，最大的品类就是人们刚性需求的这种品类。而传统的品牌掉头非常难，整个供应链要重新改造整合。然后我再看看这些曾经做鞋的同行们，没有人在做，那我为什么不这么做呢？

中：所以你经过了几次转型之后，这次这条路是你认为能够一直走下去的路吗？你觉得这条路走下去以后是条光明的路吗？

毕：是。

打造自有品牌：熬

2012年6月，乐淘网连续推出了五个系列的原创鞋类品牌，并聘请徐静蕾、杨幂等明星代言。与此同时，乐淘还与国际知名游戏公司合作推出C＋品牌，借力提高乐淘知名度。这些动作标志着毕胜正式放弃自营模式，进军自有品牌领域。而作为该模式的行业老大,凡客诚品已在这个领域深耕了5年,其模仿者众多,但成功者寥寥无几,因为品牌、人员、渠道、销售,每一个环节都考验着创业者的能力。作为自有品牌的新兵,毕胜又该如何解决呢?

中:我们在做这期节目的时候,我们这期的导演也上了你们的网站去看。我们发现,现在乐淘下面有五个自主品牌,比如说有都市时尚休闲女鞋,有最IN潮流女鞋。首先,说实话,这两个名字,我就很难记住;其次,我也不明白,它们之间有什么不一样。你乐淘下面这五项的分类和每一类又如何去定位?我觉得,对于我来说,对于消费者来说,非常困惑。

毕:对。你不用着急这个事,因为所有的东西才只有三个月,比我儿子还小,着啥急。我儿子到现在,他们学校的校长都记不住他叫什么名字。做品牌切记不能着急,我觉得品牌是熬出来的。我们开始做的时候,把这几个做了区格化的定位。但是,并不一定说我的定位就是对的。我认为,品牌的第一步不叫品牌。什么是品牌?鞋子还是用来穿的。所以,你的产品到底解决了什么问题,我觉得这个才是最核心的。这也是中国传统行业,包括做鞋行业,几乎很少有人去思考的问题。你比如说我们"恰恰"的那款鞋子,首先我们在定位上做了一个差异,我就给女职场用户,就是职场女性用,没有一款鞋子是针对职场女性的,我就是职场小高跟,针对职场女性的。然后我们就请了 PRADA 的设计师来帮我们设计,但是最后发现,用户不买账。不买账的原因是,你的价格比别人在互联网上卖的价格要贵。

中:你现在的平均价格大概是多少?

毕:三百多。

中:就这双鞋来说?

毕:对。

中:那在互联网上算是贵的。

毕:贵的,是贵的。但是,当一个用户买的时候,马上你就看见,马上就有回头,同一个地址马上就有回头。为什么?后来我们想,我们能不能变?然后,我们那个管商品的副总裁就说,我们全是工科生,我们可以用工科生的思维去分析,然后就开始做调研。女孩逛街,怕什么呢?

中:逛街? 还是痛吧。

毕:怕累,对不对?

中:差不多的意思。

毕:因为逛街你不用穿高跟,你可以穿个平底鞋嘛。她累,累就是因为鞋子沉嘛。那我们从今年(2012 年)年初就开始跟鞋厂一块儿搞了一个鞋底,那个鞋底比一个鸡蛋还轻。这个超轻的鞋子我们是(2012 年)9 月 19 日推出的,当天卖了 150 多万营业额,用户是真喜欢。就是因为你不一样,你确实解决了用户的问题。如果我们把生意都抛掉,从产品的角度说,有无数人做自有品牌,那你的自有品牌到底是解决了什么问题？你跟别人有什么不一样？你得用心地去做一款产品,那你才能卖得好。

"C+"系列帆布鞋

除了打造五个不同群体的功能品牌外,毕胜还与全球五大顶级手机游戏厂家合作,推出不同主题的帆布鞋,走品牌授权的道路。通过不同的品牌与产品,毕胜试图去吸引更多的潜在客户,获得更大的用户群体。

中:其实,说到乐淘,之前大家可能特别容易想到那款"愤怒的小鸟"鞋这样的一些概念鞋,我不知道当你转去关注这种功能鞋的时候,之前的这样一些概念鞋,你还会继续推出吗？

毕:我那里有一个C+,C+就是帆布鞋俱乐部,就是帆布+各种品牌,加"愤怒的小鸟",加"植物大战僵尸",加"蜘蛛侠"。我们还在加。今年(2012年)的"蜘蛛侠",就是我们推出的。其实,"愤怒的小鸟"鞋已经落后了,现在改"僵尸"鞋。其实,我告诉你,"水果忍者"的版权也在我这儿。当时我们拿了一大堆(版权),最后挑哪个能做。

中:所以这个还会继续做下去,也算是其中一个特色。

毕:对,还会继续做下去。"水果忍者"的老板是个澳洲印度人,我们在跟他谈的时候,他说,啊,这个玩意儿还能做鞋子呢?我们跟"愤怒的小鸟"说,他们说这还能做鞋子?我们说不但能做鞋,还能给你推广品牌,于是免费给我们(版权)。

中:哦,那还不错。

毕:然后我们就拿了"TALKING TOM"、"水果忍者"、"愤怒的小鸟"、"植物大战僵尸",全让我们拿来了,免费的。

中:但是,我也在想,你的这个方法也给他们开了窍,当他们发现原来自己也有这个价值(的时候),第一年……

毕:他收授权费了。

中:第一年,他可以给你免费,比如说回头如果有别人找他,给他开一个更高的价格,他也可以跟别人签,那你怎么办?

毕:我不卖它了,因为游戏的生命周期就18个月,我玩这18个月就不卖了。所以我叫C+,我没有叫C+"愤怒的小鸟",我加任何品牌都可以。你今年"愤怒的小鸟"不火,明年"僵尸"火,明年"僵尸"不火,"捕鱼达人"还火。"捕鱼达人"不火了……

中:后面每一个再找的人,可能付给他们的钱就会越多。

毕：是这样的，当你加得越多的时候，你不加也是加了，因为你不一样了。

中：也就是说你借用他们的这些牌子，推广了一定时间以后，C＋也就是你的牌子了？

毕：对，就是借力打力。

做别人没在做的

通过与国外公司合作推出"C＋"系列帆布鞋，毕胜用最少的钱给乐淘网做了品牌宣传，从而间接带动了同属乐淘网的五大自有品牌的宣传推广。用毕胜的话讲，乐淘网已经找到一条合理的盈利模式。然而，从卖好别人的货转做自有品牌，毕胜又是如何看待其中的难点呢？

中：那你认为现在对乐淘来说，它最缺的或者说它可能最急需解决的问题会是什么呢？

毕：我觉得最需解决的问题是一个严密的流程，就是你的计算机系统能够极大程度地把所有的中间流程都给解决掉。这个其实是对我目前来说最大的挑战。

中：那你觉得这个问题能解决吗？

毕：正在解决中，我不敢说能不能解决。我觉得，这就好像说，我要做个淘宝平台，里面我有积分体系、评价体系、支付体系等等,你到底要不要晒单体系?你要不要有互评体系?你要不要有投诉体系?这些东西,我相信开始做的人也不知道,就是做着时我需要。我肯定一开始规划几个模块,但是发现不够,然后我就逐渐地增加。我觉得,这个我们也是摸着石头过河,不是很清楚。这个确实是里面需要的东西太多了。

中:所以要允许自己在慢慢地摸索当中越来越完善。

毕:对。我现在的感觉是,传统品牌一年能增长20%已经不错了。你要不要用互联网的一年300%的速度去增长?你会不会步子迈大了?这个是最大的挑战。因为没有人这么做过,没有人一下子起五个品牌,对吗?没有人起五个品牌,上来就把代言人搞定了。没有人把鞋子加上科技,都没有人在做。我们做的都是别人没在做的。

> 毕胜说:"电子商务是个苦生意,我既然选择了这条路,要不我就死,要不我就破它的局,这是我的性格决定。"(来源:新浪科技)

中:所以这些事情虽然压力和挑战挺大,但是你应该也挺兴奋的。

毕:兴奋,非常兴奋。其实,从我去年(2011年)发表那个言论后,我们的员工流失率很小。我回来赶紧给大家解释,我说我跟你们讲讲为啥啊,我解释说我找到路了,你们别怕。但是,很多人的思路很难转变。比如说我和你这么讲,我们的销售人员卖我们的鞋子时,上来就是打折。然后我骂一顿,我说你就会打折,你为什么不把这个无痛作为一个卖点?你要说为什么会无痛,用户才会买单。你要把超轻、防臭这些都讲清楚,而不是一上来就说打折。我说我要的不是这个东西,我要的是真正去解读产品的角度。第二个,所有的人都说,我们的订单量为什么这么少啊。因为去年乐淘一天卖 4 万双鞋,一天卖 4 万双鞋,一年我就能够卖掉上千万双鞋,而我今年是一天才卖几百双、上千双。我说你别着急,我们已经不是那个乐淘,而是这个乐淘了,这个乐淘是从今年 6 月 26 日开始的。已经这样,我已经很开心了。第三个就是说,你们看看,你们以前卖一双鞋,亏 78 块钱,这是我们财报的数,亏 78 块钱。你现在卖一双鞋,5 块钱利润。我说哪个会更开心呢?他们说现在更开心。

中:这样算下来现在赚了 80 多块,从负的 78 块到正的 5 块。

毕:这个已经很高了。我说咱们得从这个(角度)去判断一下,但是我仍然还在扭转团队这个思路。

中:所以,很多人说,一个企业转型,可能比重新做一个企业更难。

毕:看你忘得多快。

中:我觉得你的心态特别好,尤其是通过这几年以后,我觉得,今年,包括像你刚才说的,您的心态越来越好了,我们也非常希望像您说的,这事能做成。

毕:其实,我觉得去年那个演讲给我造成了比较大的 Damage。我的心态一直很好,你想我如果心态不好,不会自曝家丑吧,我当时说这件事的时候,我还和刘洲伟,就是《21世纪经济报道》那个老板说,这个不录音、不录像、不记录。洲伟说,好,没问题。然后第二天(我)打电话说,你大爷,你把我黑了。因为我两个周末两个周五的演讲,周六周日也没有上网,也没有看,我在看孩子。结果微博十几万人@我,我说干吗,我红了?我说手机没丢,为什么红了?打开(微博)一看全是这事。我打电话给洲伟,我说你大爷,你把我给卖了。他说这挺好的,电子商务在中国15年的历史,没人站出来敢直面这件事,你说了。我说,其实最应该说这句话的,不是我。他说是谁?我说产业里所有的人都应该这么说话。

电子商务的鼻祖亚马逊起家于图书经销,靠"卖货"度过了前几年,但随着规模的扩大,现在的亚马逊来自于自营零售业务的利润已经成了小头,大部分利润来自平台商家的服务费、Kindle 电子书、云计算服务等业务。但是,中国除了淘宝、京东之外,有多少电商企业还能复制亚马逊之路呢?幸亏中国市场纵深太复杂,没有哪套单独的道理是绝对正确的,能活下来可能会有非常多的因素,有时是因为你强大,有时是因为你简单,有时恰恰是因为你弱小。毕胜说,不管"考试"的结果怎样,他算是向市场交上了自己的答卷。

快书包

——一小时生活圈

图书、零食、下午茶,一小时送达!
徐智明:着急就找快书包。

为什么是一小时,而不是两小时三小时?
徐智明:我一下就把小时拉到底,这是竞争考虑。

面对强有力的竞争对手,快书包未来的规划是什么?
徐智明:我只管我自己,我真的不太管竞争对手的事。

徐智明　快书包 CEO。在此之前，徐智明创办龙之媒书店，并做了 15 年，有 6 家连锁店，但由于传统书店形式渐微，徐智明在 40 岁时开始了他的第二次创业——2010 年 6 月，快书包上线。

在缝隙市场有没有生存空间？怎么在一个不可能的市场里创造可能性来？比如现在再提做电商，大家都认为你可能在开玩笑，因为这已经是京东、天猫、凡客的天下了。但就有这么一个人，借助精选货品，加一小时送达的创新模式，像楔子一样硬生生钉了进去，他的尝试能给我们提供怎样的思考呢？

他是徐智明，快书包CEO。定位为网上精选便利店的快书包网于2010年6月9日上线，以"精选、低价、1小时到货"为准则，为消费者提供精选图书、杂志、食品、饮品、鲜花、演出门票、精致礼品，目前已在北京、上海、杭州、深圳、成都、西安、长沙提供订单一小时送达服务。

一小时送货体验

快书包如何做到一小时送货？《中国经营者》记者做了一个实验，在快书包网站上订购了一本畅销书，付款时间为1∶51。

徐智明(以下简称"徐")：我们的过程比较短，是说这个商品已经存在你旁边的配送站了，你下订单之后，从这个配送站直接给你送。

1∶53，快书包的后台收到了记者订单信息，并自动分配给离记者最近的货站，理货员开始理货。快书包采取便利店精选货品模式,货品种类控制在800种左右,因此仓库规模极小。

徐:我们在城区建很多小库房,每25平方公里建一个。以我们中心站出发,往周围,不超过3公里,大概2.5公里半径的圆,这样就是25平方公里。基本上我们测算路上的时间,就是从我们配送站出发,到顾客手里,一般是15到20分钟,再加上上楼下楼,平均30分钟可以送到。

理货完毕,打印商品详单,包装图书,快递员出发。此时,离下订单已经过去13分钟。

徐:为什么是2.5公里呢?我们测算下来,骑电动车的话,2.5到3公里,差不多是15到20分钟,也就意味着一个订单产生,送到顾客手里,差不多30分钟。所以,我们这样才能承诺给顾客是一小时的服务。

记者位于上海市南京西路,快书包分配的送货站位于愚园路。根据谷歌地图测算,两地行车距离约为3.1公里。快递员已经在前往送货地的路上。

徐:假设说我要买一个东西,我现在要下楼,我要跑到一个商店去,不管是买什么,再回来,即使是去楼下的便利店,也得二三十分钟,这个过程。基本上是说,我们要去替代他去便利店或者去周围商店购物这个速度,去节约他的时间成本。

快递员到达目的地南京西路,任务完成,总共用时24分钟。

做网上便利连锁店

《中国经营者》(以下简称"中"):在2009年、2010年那个端口的时候,中国的整个电商其实发展已经非常非常快,已经是很起来了,几个大电商把这个市场也占得差不多了,你是怎么考虑进入这个市场的机会的?

徐:其实最后选择做快书包,也是属于客观分析和偶然因素两个结合起来的(结果)。刚才你提到说,比如那时候09年、10年,电商已经竞争蛮充分的了。我当时就分析,如果说咱们老说对应线下的话,集市,网上反映的有淘宝;Mall,这个服装或者鞋或者钻石或者什么的专卖店,网上有反映了。其实有一个在网上是没有反映的,就是便利连锁店。

中:你说你创业的时候,一个是从图书切入,第二个很重要的一点,就是你刚才说的一小时的这个快送服务。我就好奇说,为什么一小时对你来说那么重要?当时是一下子就提出来一小时的这个服务概念?因为在09年、10年的时候,电商的快递业务还没有像现在这样发达。现在可能说京东四小时能够承诺送达,但是即使到今天,最快也是四小时。那当时为什么你不能够循序渐进?因为毕竟一小时的这个快送服务,我们如果算个账的话,它其实挺浪费你的效率的。

> 徐智明正是看到了市场空白,加上多年在图书行业摸爬滚打积累的人脉,使他最终选择以图书作为切入点进入网上便利店领域。他通过从前积累下的图书供应渠道,以比同行更低的价格进货,以此打开快书包市场,打响知名度,扩大影响力。

徐：你问得太准了，就是我们内部当时还真的讨论说，是不是先做两小时或者三小时，再做一小时？我当时作为顾客的希望是，二三十分钟就给我送来，你还要两三个小时送来，我觉得太长了。这是我的念头。那为什么会是一小时，而不是两个小时？或者说为什么不是59分钟？因为"一"是最小的概念。在小时里面，那么我是出于几点考虑要做一小时？第一，我一下就把小时拉到底，这是竞争考虑。你要提两小时，其实别人可以提一个比你更快。

中：就是做到极致。

徐：就是你按配送，你不可能比我再快了。

中：以小时来计。

徐：以小时来计，你不可能比我再快了。以分钟计的话，那就很危险了。你说我给你19分钟、29分钟，这个就太危险了。所以，(一小时)我已经把配送这个速度给拉到极致。这是当时的一个念头。第二个念头，其实是从需求出发的，就是替代。我们当时是说你要去替代他去便利店或者去周围商店购物这个速度，去节约他的时间成本。如果说这一点能够完成的话，那个顾客需求就不得了。第三个，其实是成本。刚才你提到说，为什么不先做四小时或者先做两小时，那样成本是不是更低？你可能会说了，一小时的成本一定高，一定比两小时三小时高。这在我这儿是反的，你能理解吗？

中：我不能理解，你给解释解释。

徐：为什么是反着的？我刚才举例说，我设定了一个 25 平方公里，我的配送员在一个配送站，在 25 平方公里内送订单，半小时就可以到，第二单可能是一小时到，他的绩效是比较高的。也就意味着他每半小时可以送一个订单，平均一天八小时，可以送十六个订单。但是，如果说我有一个订单远了，他势必要骑电动车跑出这个圈，从这个圈到外面的距离，会产生两个风险：第一，时间成本增加了，他的单位时间的劳动绩效变低了；第二，有可能电瓶车没电就回不来了。

中：没电回不来，我觉得这个理由很充分，但是单位绩效变低，我有点不同意。比如说现在京东的一个快递员，一天的单量是 50 单。因为它一个是单有积累，一个是它规划路线。而你刚才也说了，你的一个快递员一天最大量的单也就是 15 单，那么这个中间相差的是很大的。所以，我觉得第一，证明你一个快递员的效率没有人家一个快递员的高，是不是？

徐：是这样。

中：第二个问题是，你是以卖书为主，那么这个书呢，它可能没有一个订单的密集性。不像订餐，一到中午大家都要吃都来订。所以，它的高峰和低谷你很难去规划。对你来说，也许你只能说，我把高峰的人一定要配齐，这样完成我的一小时(配送)承诺,这就可能会导致很多人闲置。所以,刚才我说的这两点,都可能会导致你的快递成本是高,而不是低。

徐:快递成本会是高的,绩效会是差的。不同的企业或者说不同类型的企业,或者不同电商之间,大家成本结构不同。你比如说我的这种库房仓储的做法,我就不需要设大的中心库房了。但像很多电商,我要做几万平米的很大的中心库房。然后它中间周转的环节是比较多的。这个过程是比较长的。我们的过程比较短,是说这个商品已经存在你旁边的配送站了,你下订单之后,从这个配送站直接给你送,是这么一个流程。所以,中间的环节是极短的。

中:对,你一人就只能送一单,很多时候,撑死了送两单,这已经是特别理想的状态。

徐:OK,回到刚才你的疑问,说为什么不去规划路线、订单密集,是吧。第一,我刚做,不可能订单密集。

中:你(可以)积累订单。

徐:对,积累订单,这是一个。第二,如果说我今天送昨天积累的订单,订单积累必须要时间,那我就实现不了一小时了,那他就去京东、去当当买东西了。所以你看,想出来一小时,就必须来一单就送,不能等。所以,这整个逻辑是建立不起来的。

中:所以,是不是这个也是你找到了一个巨头的缝隙?

> 要做到一小时送达,必须自建物流体系,同时因为是即时送达,所以合理安排物流流程是根本不可能的。你必须准备足够多的人力,以应付各种无法预知的订单。

徐：没错。

中：巨头为什么不能拷贝你这个一小时呢？

徐：不是不能，刚才咱们提到说，我不选一小时之外，那么对于巨头来讲，它是不选一小时之内。这是个选择问题，选择永远不是能不能的问题。对于大网店来讲，在这个时间点做一小时，对他们来讲是根本看不上眼的事，所以你那词用得很好，就是大网店也给我留了一个空隙，给我留了一个小的窗口期，

着急就找快书包

徐智明说在刚成立快书包时，他在仓库选址问题上犯了错。他将北京按位置划分为30个区域，每个区域建立1—2个仓库，各个配送站都投入相同的人力物力均衡发展。但在韩寒的《独唱团》预售时，快书包出现爆仓。原本一小时应该送到的书，徐智明足足用了三天才送完，同时出现了一些货仓员工忙不过来，另一些货仓员工无单可送的现象。因此，从那次事件后，徐智明意识到货仓分配必须按照特定时间、特定地点、特定人群的原则设置。他及时砍掉了客源稀少的配货站，将配送站全部安放在七大商务核心聚集区，只在工作时段送货，同时将客户定位为消费能力强的白领群体，从而与大的电商企业进行区隔。除了选址、配送需要

不断调整外，选品更是重中之重的问题。徐智明将货品种类严格控制在 800—1000 种，以便小货站就能够装得下。

截至目前，快书包已在全国 7 个城市提供服务，如何选品保证用户需求，同时又方便货仓管理，是徐智明头疼的另一个问题。

中：除了图书之外，你还引入了非常多的其他的商品，我也上你们的网站看了一下，有酒、有食品，甚至我还在首页上看到有枕头。

徐：对，有枕头，安全套都有。

中：看起来谁和谁都不挨着，你们在图书之外的品类里，你精选的门道又是什么呢？因为你是小便利店，你放不了那么多。

徐：这个我们走了一个弯路。我们从 2012 年初开始，除了图书之外，开始大量地上其他门类。我们怎么来做采购的呢？我们是研究了所有的大网店的商品门类，包括京东、当当、亚马逊、淘宝，我们把商品门类做了一个表，就是（研究）他们都在卖哪些门类。我们的思路是，我们做了一百多个小门类，每个小门类里面，我们选几种，这样就有几百种。这是我定的逻辑。我们做了一年，从 2012 年初做到 2012 年底，里面出现了不少问题。有的卖得很不错，甚至于有的销量超过了我们的想象。有的就卖不动，根本就卖不动。

互联网分析师钱皓说:从客户需求的角度出发,要优选即时性需求强的品类;从商品属性角度出发,要优选标准化程度高、包装要求不高、体积相对较小的品类;从参与者角度出发,要优选客单价与毛利相对较高的品类;从政策法规的角度出发,要尽可能考虑不受政策限制的领域。

中:小而全?

徐:对,小而全。结果发现错了。错在哪儿呢?我给你举个例子,你就明白了。比如说咖啡豆,我们进来之后一包没有卖掉。后来我们发现,第一,使用情景不对,就是他在办公室没有办法用;第二,不快,就是他用这个咖啡豆的过程不够快,他要磨,还要滤网什么的,很麻烦。顾客因为着急,才跟我们买东西。因为他现在就要用这个东西,才跟你买,不跟别人买。

中:那什么东西是符合这个着急的特性呢?

徐:OK。着急,我们后来分析有几点,第一图书是着急看。饿了,我马上就要吃东西。还有一种,就是我着急送礼。所以,我们分析出来,顾客的需求,是要快点用,快点买。最后我们总结出来一个叫"着急就找快书包"。这是上个月,也就是2012年11月,我们在规划2013年工作的时候分析出来的一句话。分析出来之后,我们一下子就把思路打开了。

谨慎布局

徐智明总结的选品原则正是想用户之所想,急用户之所急。但他自己也有颇为着急的事情:截至2011年末,快书包营业额尚不足千万。按照徐智明的说法,他曾经接洽的风投不下20家,前后历经两年都未找到合适的投资伙伴。

风投不看好快书包的原因主要还是质疑快书包模式未来能否赚钱。据徐智明说,目前快书包客单价约为90元,毛利率在25%左右,但接单量一直提不起来,因此无法摊薄高企的运营成本。直到2012年3月,徐智明才迎来A轮新浪微博基金的900万融资。如何用好这笔钱,如何扩大经营,是徐智明需要思考的棘手问题。

中:你现在已经拿到A轮的900万的融资,那往下这些钱该怎么用,你有没有一个具体的战略规划?

徐:这900万是2012年3月份拿到的,我当时是把这900万规划为两大开支,或者说两大用途。第一大用途就是迅速扩充非图书的其他门类,比如食品、饮品以及其他的(门类),这是我过去想做不敢做的,OK,就是属于物流周转、货物周转这一部分,这是一大开支。第二,完善顾客体验。我过去的网店软件,是花3000块钱买的一个现成的软件,功能很小,有很多疙里疙瘩的地方,我没法改。从今年(2012年)6月开始,我们建了一个比较理想的研发团队,研发出了一套新的前后台系统。预计在2013年春节之后我们可以上线这个新系统。

中:现在你是七个城市,在城市拓展上,我好像听你说是2013年不超过三个城市。

徐:我现在是北京、上海、杭州、深圳、成都、西安、长沙,我现在的规划是,2013年的时候做广州、南京和武汉,希望做三个城市。为什么不扩太多的城市呢?

中:这是我好奇的。我记得我之前看你的资料的时候,(发现)你是说,2013年的时候是二三十个城市的拓展,突然之间有这么大的一个收缩,原因是什么?碰到什么问题了?

徐:按照我原来的计划,应该是2012年实现一个飞跃式的发展。这是我2011年的计划,或者说我2011年看数字曲线的时候,我本寄希望于2012年有一个快速的增长。结果因为内部的原因,加上外部一些条件的变化,我的营业规模没有实现,这个发展速度没有实现,我们就调整了发展的步伐。因为这900万其实也不多,可能会出现资金断裂,所以我更多的是从步伐更稳和资金周转的这个角度考虑。

"我真的不太管竞争对手的事"

由于缺钱,徐智明不得不放缓快书包的发展步伐。据徐智明说,他甚至没有资金在营销上砸钱。因此,做广告起家的他另辟蹊径,通过免费的微博平台做营销,积累口碑。在专心练内功的同时,徐智明还要面对来自外部连锁便利店的竞争。据称,作为快书包选品榜样的7-11,在2011年下半年时曾有做网上便利店的打算。面对如此强大的竞争对手,徐智明又该如何应对呢?

中：我们简单来看，它（7-11）有现有的密集网点的一个支撑，似乎是最容易做到的。

徐：其实我是这样分析的，这里面，我不是特别注重观察我未来的竞争来自于哪儿，因为（竞争）一旦来了，你挡也挡不住，你害怕是没有用的，这是我总的原则。因为对于竞争对手，按照之前多少年的经验，是一定会出现的，只是早晚或者说是谁的问题。既然迟早一定会出现一个完全雷同的、和我直面的竞争对手，甚至于几个，所以你怕是没有用的。

中：不，从你的这个角度，是不分析嘛，我理解你。但是，现在我希望把你抽离出来，你就把自己看成是我们在讨论这个问题，像复盘一样，好不好？我们复盘，你觉得说未来有几个玩家是你觉得最有可能的（竞争对手）？他们各自的优劣势是什么样的？

徐：最有可能的（竞争对手），其实反而是现在的几大网店，就是京东、亚马逊、当当，甚至于1号店，都是有可能的。

中：怎么讲？

徐：他们如果发现这一小时需求在他们的顾客群里占的比较大，他们认为有比较大的潜力和比较大的需求的时候，他们也有可能来做这件事情。而且他们做这个事情有得天独厚的优势，就是他们的采购、仓储完全不用新建，他们只需要在城市中心布点，然后从他们现有的商品里边精选,把现有的顾客里面分一部分满足就可以了。这对他们来讲是挺容易的。所以,我认为他们是最有可能的(竞争对手)。

中:给你留的这个大概的窗口期,你有规划吗?或者再往下三年,你具体往下的步骤是什么样的?你怎么规划?

徐:应该讲,我只管我自己,基于我前面的分析,我真的不太管竞争对手的事。我就只管说,2013年我希望发展多少订单,有多少注册顾客的增加。为什么呢?因为电商有三大衡量标准:第一,你的客单价;第二,毛利润;第三,客单数。这三个标准任何一个量的变化,都会导致你企业营收状况的变化。我们客单价现在已经达到八九十块钱,我已经比较满意了。毛利润有百分之二十多,这个我也比较满意了。我现在的三年规划就是涨订单、涨营业额,这是特别现实的一个问题。我能通过未来三年的努力,能让我的年营业额过亿,那我就立住了。那时候我的企业价值就呈现了。

中:换句话说,你可能也能跟某些巨头有谈合作的条件了?

徐:我相信如果我到了那个程度,不用我找他们,就应该有人来找我了。

中:好,谢谢,希望您早日做到。

徐:谢谢。

很多人对于快书包这种网络便利店模式充满了怀疑，其中不乏电商甚至是物流的专家。据他们的经验分析或者是数学建模，大多指向一个结论，那就是不可能。徐智明自己也不知道，这个路到底走不走得通。不过，创业就是一个持续证伪的过程，好玩也就好玩在这里。这里有个故事，第一代苹果手机面试以后，诺基亚的工程师曾经认定，不会对诺基亚产生威胁，因为它造价太高，打字不便，甚至通不过最基本的抗衰测试。但是，如果苹果完全按照诺基亚的标准去造手机的话，我们现在可能还生活在前智能机的时代。